SUSANNE KLUG

Gesund essen mit Spaß

THEORIE

PRAXIS

Susanne Klug ist Diplom-Ökotrophologin. Nach ihrem Studium arbeitete sie zunächst in der Kochbuchredaktion des GRÄFE UND UNZER VERLAGS. Danach machte sie sich 2004 mit der Gründung der KinderKüche München, einer Kochschule für Kinder, selbstständig. Rasch folgten Filialen in Hamburg und Nürnberg. Einem breiten Publikum wurde die Expertin für Kinderernährung durch Auftritte in der Sendung »Food check« auf Pro7 bekannt. Dort wie in ihren Kochbüchern und Ernährungsratgebern zeigt sich ihr Hauptanliegen: Kindern frische, gesunde und nahrhafte Kost schmackhaft zu machen. Dazu kennt die Expertin alle Tricks. Sie ist überzeugt, dass in jedem Kind ein Obst- und Gemüsefreund steckt, der mit ihren praxiserprobten Strategien leicht geweckt werden kann. Susanne Klug lebt in München und ist Mutter eines Sohnes.

EIN WORT ZUVOR

Du bist, was du isst! Das gilt schon ab dem Tag, an dem Ihr Baby zum ersten Mal das Licht der Welt erblickt. In den ersten Lebensmonaten haben Sie ihm das Allerbeste zum Wachsen und Gedeihen mitgegeben – Ihre Muttermilch. Dann kamen die ersten Mahlzeiten dazu – allerdings noch in Breiform. Ihr Baby lernte, mit dem Löffel zu essen und hat so einiges an Größe und Gewicht zugelegt. Jetzt macht Ihr Kleines allmählich die ersten Schritte und entdeckt die Welt aus einer ganz neuen Perspektive. Die ersten Zähnchen sind gewachsen und verlangen nach etwas zu Beißen. Nun kann es endlich losgehen: das gemeinsame Essen am Familientisch.

Zu Beginn haben Sie sicher viele Fragen: Was wird meinem Kleinen schmecken? Mit welchen Gerichten fange ich an? Wie soll ich das Essen zubereiten? Was kann mein Kind jetzt schon kauen? Verträgt es alles? Wie kann ich meinem Kind das selbstständige Essen beibringen? Wie verhindere ich, dass mein Kleines ein Gemüsemuffel wird? Und nicht zuletzt: Wie schaffe ich es, dass mein Kind ein normales Verhältnis zu gesundem Essen bekommt und auch noch Spaß daran hat?

Mit diesem Ratgeber möchte ich Ihnen die Antworten auf alle wichtigen Fragen rund um das Thema gesunde Kinderernährung geben. Ich zeige Ihnen, ab wann und wie weit Sie Ihren kleinen Nachwuchskoch schon beim Kochen mit einbeziehen können und möchte Ihnen vor allem die Angst davor nehmen, dass gesund Kochen umständlich und aufwendig ist. Im Gegenteil: Viele Rezepte gehen schnell und schmecken allen! Erleben Sie und Ihre Familie mit allen Sinnen, dass gesundes Essen Spaß macht und schmeckt.

In diesem Sinne »Guten Appetit«! Ihre

Susanne Klug

ESSEN MIT DER FAMILIE

Ein schön gedeckter Tisch, wunderbar duftende Speisen
und all meinen Lieben schmeckt, was ich gekocht habe.
Das muss kein Traum sein, sondern wird bald zur Realität.

Was koche ich heute?

Endlich ist es so weit! Die Zeiten des Breikochens, Pürierens und Gläschen Erwärmens sind vorbei, und Ihr Kind ist mit gut einem Jahr alt genug, in seinem Hochstuhl an den Familienmahlzeiten teilzunehmen. Und war es nicht schon lange so, dass Ihr Kind am liebsten von Mamas oder Papas Teller probieren wollte und den eigenen Brei links liegen ließ? Denn was bei den Großen auf dem Teller liegt, sieht doch viel, viel interessanter aus. Doch bis die ersten Zähnchen da sind, muss es eben Brei sein.

Gute Gewohnheiten von Anfang an

Vielleicht haben Sie Ihrem Kind schon in den letzten Monaten Ihr Lieblingsessen klein püriert, sodass lediglich die Form ein bisschen anders und eben kleinkindgerechter war. Wie schön, dass nun eine neue Phase kommt, und Sie Ihr Kleines voll in den Familienalltag integrieren können. Und da geht es nicht nur um das Essen. Ihr Kind versteht nun meist, was Sie sagen, kann Ihnen manchmal einfache Gegenstände anreichen und kann sogar schon für 10 bis 15 Minuten alleine spielen. Es wächst nun ganz allmählich zu einer kleinen eigenständigen Person heran.

Ach, wäre es schön, wenn sich diese Selbstständigkeit auch am Mittagstisch zeigen würde. Wenn das Essen ohne Überredung, Protest und kleinere bis größere Machtkämpfe gemeinsam, in Ruhe und entspannt eingenommen werden könnte!

Damit rund um den Familientisch gar nicht erst chaotische Zustände ausbrechen, ist es wichtig, von Anfang an »am Ball« zu bleiben. Sicherlich brauchen Sie in manchen Situationen eine mehr oder weniger große Portion (Engels-)Geduld, manchmal Nerven wie Drahtseile und oft auch einen guten Putzlappen – doch am Ende fällt es Ihnen leicht, Ihr Kind gesund und mit Spaß zu ernähren. Dazu brauchen Sie gar nicht viel: Tolle Rezepte finden Sie ab Seite 80, Zeit für gemeinsame Mahlzeiten können Sie leicht in den Tagesablauf integrieren und frische Zutaten bekommen Sie in jedem Supermarkt, auf dem Markt oder beim Gemüsehändler. Sobald ein wenig Routine eingekehrt ist, wird Ihr Kind Sie seinem Alter entsprechend (siehe Seite 64 f.) bei der Zubereitung der Mahlzeiten unterstützen können – so haben Sie gleich einen Helfer gewonnen!

Küchenfee oder Kochmuffel?

Sind Sie eher eine gute, von allen Seiten gelobte Köchin, die täglich mit viel Freude auch für das Baby nur das Beste auf den Tisch bringt? Oder sind Sie ein richtiger Kochmuffel, dem vor allem wichtig ist, dass es schnell geht, einigermaßen schmeckt und alle satt macht? Da kann's auch schon mal was aus der Tüte sein oder jeden Tag dasselbe auf dem Tisch stehen.

ESSEN AM FAMILIEN-TISCH

Mit etwa acht Monaten sitzen die meisten Kinder zum ersten Mal im Hochstuhl und löffeln von dort ihren Brei. Mit einem Jahr schmeckt ihnen alles, was sie selbstständig essen können.

Ganz egal, ob Sie zur ersten oder zweiten Kategorie zählen, es kann Ihnen in jedem Fall passieren, dass Ihr Kind einen ganz eigenen Geschmackssinn hat und sich, egal wie frisch und gesund die angebotene Nahrung ist, nicht alles auftischen lässt.

Dass Sie aber den Geschmackssinn Ihres Kindes in den ersten Jahren wesentlich beeinflussen können und prägen, indem Sie Abwechslung und Frische auf den Tisch bringen, ist für Ihr Kind und letztlich auch für Sie eine ganz wichtige Erfahrung! Denn je früher sich Ihr Kind an die verschiedenen Geschmäcker gewöhnt und diese lieben lernt, desto eher haben Sie als Eltern auch Entspannung und Ruhe am Familientisch.

Liebe Küchenfeen: Verkünsteln Sie sich nicht! Denn für die Alltagsküche bedeutet zu viel Aufwand letztendlich nur Stress, der Ihnen die Freude an den gemeinsamen Mahlzeiten verdirbt. Sie werden sehen, dass es ganz einfach ist, kindgerechte Rezepte, die der ganzen Familie schmecken, in den Alltag zu integrieren.

FRISCH MACHT FIT
Verzichten Sie in der Kinderküche so weit es geht auf Fertiggerichte – frisch zubereitet aus knackigem Gemüse ist der Nährstoff- und Vitamingehalt jeder Mahlzeit umso höher.

Liebe Kochmuffel, machen Sie einen kleinen Schritt weg von der »Hauptsache-es-macht-satt-Küche« in Richtung »Hauptsache-es-macht-fit-und-gesund-Küche«. Denn diese tut nicht nur Ihrem Kleinsten, sondern auch Ihnen selbst und allen anderen Familienmitgliedern gut und ist ein Gewinn für die ganze Familie!

Das Zusammenleben mit einem Kleinkind birgt für alle die Chance, die eigenen Essgewohnheiten kritisch auf den Prüfstand zu stellen: Welche ungesunden Gewohnheiten haben sich eingeschlichen? Ist immer frisches Obst und Gemüse im Haus? Bereiten Sie zu jeder warmen Mahlzeit auch einen Salat zu? Essen Sie manchmal vor dem Fernseher oder der Zeitung? Denken Sie daran, dass das wichtigste Vorbild für Ihr Kind Sie und Ihr Partner sind!

Keine Sorge – so schwierig ist es nicht!

Es stimmt: Kleinkinder benötigen täglich eine ganze Menge Nährstoffe. Nur so ist gewährleistet, dass sie sich gesund entwickeln und zu aktiven Kindern werden. Trotzdem sind Mangelerscheinungen bei uns sehr selten. Denken Sie daran, wenn Mütter und Schwiegermütter Sie daran erinnern, dass »das Kind mehr Vitamine und Mineralstoffe braucht«.

Mit einer ausgewogenen, abwechslungsreichen Ernährung sind Sie allemal auf der sicheren Seite und Fragen wie »Mit was fang ich nur an?«, »Was schmeckt meinem Kind?«, »Wie soll ich es zubereiten?«, und vor allem »Reicht das, was ich meinem Kind anbiete, zum Wachsen und Gedeihen?« erübrigen sich von allein.

Alles Routine

Es gibt sicherlich ein paar Regeln, an die Sie sich halten können. Diese Regeln werden Sie sehr schnell verinnerlicht und in Ihre Kochroutine integriert haben. Dann entwickeln Sie ein Gefühl dafür, welcher der richtige (und gesunde) Snack für Ihr Kind ist, wie viel es zum Trinken benötigt und wie sich die Essgewohnheiten entwickeln. Denn diese bestimmen in erster Linie Sie! Dem Ende des Beikostalters müssen Sie daher nicht mit Sorge entgegensehen. Jede Mutter stand einmal vor dieser Herausforderung und nun sind eben Sie an der Reihe. Gemeinsam mit Ihrem Kind werden Sie schnell feststellen: das gemeinsame Essen mit der Familie macht richtig Spaß!

Muss ich alles umstellen?

Nein, Sie müssen Ihre Essgewohnheiten nicht umstellen und auch nicht zwei verschiedene Gerichte kochen. Denn das wäre ja mit sehr viel Arbeit verbunden und würde Ihre Nerven nur unnötig strapazieren. Und die Nerven benötigen Sie ja eventuell noch am Tisch, wenn das Essen nicht so begeistert angenommen wird, wie Sie es sich wünschen. Merken Sie sich einfach die folgenden drei Dinge:

> Kochen Sie Gerichte, die Ihr Kind schon gut verdauen kann. Was schon für die ganz Kleinen geht, steht auf Seite 50.
> Gehen Sie sparsam mit Salz, Pfeffer, scharfen Gewürzen und Zucker um. Ihr eigenes Essen können Sie ja immer noch nach Geschmack nachwürzen.
> Richten Sie das Essen für Ihr Kind kindgerecht an. Wie das geht und was am besten ankommt steht auf den Seiten 40 und 41.

Im Prinzip können Sie also Ihr Kleinkind an Ihrem eigenen Essen teilnehmen lassen, ihm so verschiedene Geschmacksrichtungen

AUSREICHEND VERSORGT

Mangelerscheinungen sind in Europa selten. Selbst Nudeln-ohne-alles-Tage und Reis-pur-Mahlzeiten verursachen im Normalfall keinen Nährstoffmangel.

**WECHSELNDE
VORLIEBEN**

Im Lauf seiner Entwicklung durchlebt jedes Kind unterschiedliche Phasen, in denen es bestimmte Lebensmittel bevorzugt beziehungsweise ablehnt. Lassen Sie Ihr Kind gewähren.

anbieten und es an eine ausgewogene und gesunde Ernährung gewöhnen. Wenn Sie ein paar Tipps und Tricks beherzigen, wird es auch am Familientisch keine Extrawurst geben und Ihr Kind wird offen gegenüber neuen Gerichten sein. Und da jedes Kind viele verschiedene Entwicklungen durchmacht, kann es vorkommen, dass der gestern noch geliebte Brokkoli heute partout nicht mehr angesehen wird und auf dem Teller liegen bleibt. Das sind alles Phasen, die auch in Ordnung sind, solange sie sich nur auf ein paar Lebensmittel beschränken. Bleiben Sie deshalb auch in dieser Situation entspannt, und bieten Sie andere oder sogar neue Gemüsesorten an. Geschmäcker sind einfach verschieden, und das ist auch völlig in Ordnung.

Gesund UND lecker – geht das denn?

Überlegen Sie, was besser schmeckt: Eine Fertigpizza oder eine selbst gemachte Pizza? Die meisten von uns werden eine selbst gemachte und selbst belegte Pizza sicherlich deutlich vorziehen. »Aber, ist doch beides ungesund« denken Sie? »Ob Tiefkühlpizza oder selbst gemacht, fett sind beide«. Das ist nicht ganz richtig. Hier kommt es auf die Zutaten und die Zubereitung an. Wenn Sie normales Mehl durch Vollkornmehl ersetzen, frisch geschnittenes Gemüse und mageren Kochschinken als Belag verwenden und etwas Käse über die Pizza streuen, haben Sie das perfekte Lieblingsessen für die ganze Familie. Der Teig steckt voller Ballaststoffe, die satt machen. Das Gemüse bleibt bei der kurzen Backzeit noch knackig und vitaminreich. Und für eine Portion Eiweiß sorgen magerer Schinken und der Käse. Eine wunderbar ausgewogene Mahlzeit also – und: lecker! So oder so ähnlich können fast alle Gerichte in gesunde Kost verwandelt werden: Einfach ungesunde Zutaten durch gesündere Alternativen austauschen, den Gemüseanteil erhöhen, den Fettanteil reduzieren und so die wahnsinnig leckeren ungesunden Gerichte zu noch viel, viel besseren, sehr gesunden Gerichten veredeln. Auch hier gibt's wieder ein paar tolle Tipps und eine ganze Liste von Lebensmitteln, die es Ihnen leicht machen, gesunde Speisen auf den Tisch zu bringen (siehe Seite 18).

Kleiner Aufwand – großer Erfolg!

Sie merken es vielleicht schon: In der Küche ist es möglich, mit relativ geringem Aufwand große Erfolge zu erzielen. Die wenigen Regeln, die dazu nötig sind, gehen Ihnen schon bald in Fleisch und Blut über und lassen sich prima in den Kochalltag integrieren – ohne dass eine große Umstellung nötig wäre! Und ist es nicht ein wunderbares Gefühl, wenn alle noch einen Nachschlag möchten, weil es so gut geschmeckt hat?

Dabei ist es noch nicht einmal nötig, stundenlang in der Küche zu stehen, um ein tolles Gericht auf den Tisch zu zaubern. Oft reichen 15 bis 20 Minuten, um etwas zu kochen, das allen schmeckt. Und gegen eine kunterbunte Gemüsesauce, die am einen Tag zu den heißgeliebten Nudeln und am nächsten zu Fisch und Kartoffeln passt, ist auch nichts einzuwenden. Machen Sie es sich so einfach wie möglich! Viele Austauschtipps und Variationen finden Sie deshalb bei den Rezepten ab Seite 80.

Alle machen mit!

Damit das harmonische Miteinander am Tisch auch wirklich funktioniert, ist es wichtig, dass alle Familienmitglieder mitmachen. Schon Kleinkinder können beim Umrühren, Würzen und Tischdecken helfen (siehe Seite 64). Versuchen Sie, das Essen gemeinsam einzunehmen, wenn möglich zu festen Tageszeiten. Es sollte auch nicht jeder, wie und wann er möchte, zum Kühlschrank laufen und sich etwas stibitzen dürfen. Meist ist dann der Hunger beim Mittagessen oder Abendbrot vor lauter Snackerei verflogen und das liebevoll zubereitete Essen bleibt unberührt im Topf. Besser ist es, Ihr Kind von Anfang an daran zu gewöhnen, dass es erst fragt, bevor es an den Kühlschrank geht. Auch eine Brotzeit am Nachmittag bringt Struktur in den Tag und ist für alle die willkommene Gelegenheit, eine kleine Pause mit Obst, Tee und Brötchen einzulegen. Bringen Sie Ihrem Kleinkind zuliebe ein bisschen Ordnung in die Essgewohnheiten Ihrer Familie – ist doch schön, wenn der Duft von köstlicher Polenta mit Ratatouille alle in die Küche lockt, und Sie den Tag gemeinsam im Familienkreis Revue passieren lassen! Guten Appetit!

STRUKTUR GIBT SICHERHEIT

Kinder lieben geregelte Abläufe. Nutzen Sie diese Vorliebe und führen Sie feste Essenszeiten ein. Das gibt Ihnen und Ihrem Kind ein schönes Gefühl von Sicherheit und Verlässlichkeit.

Gesunde Kindererährung

»**Fragen Sie Ihr Kind nur dann,** was es essen will, wenn Sie sicher sein können, dass es die Rechnung zahlt« (Fran Lebowitz). Diesen Satz können Sie wörtlich nehmen. Dann fällt es Ihnen leicht, zu bestimmen, was es zum Frühstück, Mittag- und Abendessen geben soll. In diesem Kapitel erfahren Sie, was Ihr Kleinkind für sein optimales Wachstum und eine gesunde Entwicklung benötigt, und auf welchen Säulen eine moderne und alltagstaugliche gesunde Ernährung für Ihr Kind basiert.

Die Grundlagen

So viel müssen Sie gar nicht beachten, um Ihr Kind gesund und ausgewogen zu ernähren. Dem Vorurteil, dass gesundes Essen nicht schmeckt, beweisen die vielen Rezepte ab Seite 80 das Gegenteil und mit ein paar Austauschtipps und kleinen Regeln ist eine ausreichende Energie- und Nährstoffzufuhr für die ganze Familie ab sofort gesichert!

Diese drei Regeln lassen sich ganz einfach in den Alltag integrieren:

1. Reichlich pflanzliche Lebensmittel wie Obst, Gemüse, Getreide, Brot und Kartoffeln sowie Getränke anbieten.

2. Mäßig tierische Lebensmittel wie Fleisch, Wurst, Käse, Milchprodukte und Eier verwenden.

3. Sparsam fett- und zuckerreiche Lebensmittel wie Butter, Öl, Süßes, Knabberzeug und gesüßte Getränke einsetzen.

DIE LEBENSMITTELPYRAMIDE

Viel Gemüse und Obst, mäßig Fleisch und wenig Fettes und Süßes – schon haben Sie die Idealdiät für Ihre Familie

GESUND ESSEN

Das A und O einer gesunden Ernährung ist ein ausgewogenes Verhältnis der Bausteine Kohlenhydrate, Fett und Eiweiß sowie einem hohen Anteil an frischem Obst und Gemüse

Du bist, was du isst!

Natürlich wünschen Sie sich als Mutter, dass Ihr Kind voll Energie steckt, herumtobt, Spaß macht, lacht und einen wachen Geist hat, um möglichst viel Neues zu erlernen und mit jedem neuen Lebenstag selbstständiger zu werden.

Sie können Ihr Kind in hohem Maße darin unterstützen, sich zu einem gesunden und aufgeweckten jungen Menschen zu entwickeln. Denn die Ernährung spielt in der Entwicklung Ihres Kindes eine große und wichtige Rolle. Bekommt Ihr Kind nur Pizza, Fastfood, Limonade und Süßes, werden Sie schnell merken, dass es nicht sehr lange leistungsfähig ist, eher träge spielt und sich nur schwer für Neues begeistern lässt.

Ernähren Sie Ihr Kind jedoch gesund, können Sie sicher sein, dass sich Ihr Kind prächtig entwickelt, viele Krankheiten schneller und besser übersteht und sein Wissensdurst gar nicht mehr zu bremsen ist. Dazu bieten Sie ihm schon in der Früh ein knackiges Fitmacher-Frühstück an, versorgen es Zwischendurch mit viel frischem Obst und Gemüse und kochen ein ausgewogenes Mittag- oder Abendessen. Auch eine ausreichende Versorgung mit frischen Getränken ist wichtig, da viele Kinder gar nicht merken, wenn sie zu wenig trinken. Achten Sie aber darauf, dass die Naschkiste nicht den ganzen Tag zur freien Verfügung steht – die Verführung ist sonst einfach zu groß.

KALZIUM FÜR STARKE KNOCHEN

Der Bedarf an Kalzium ist gerade im Kindesalter erhöht. Kalzium wird in die Knochen eingebaut, die Knochendichte wird dadurch erhöht und beugt somit schon in frühen Jahren Osteoporose vor.

GU-ERFOLGSTIPP   AM BESTEN FRISCH!

Kaufen Sie sooft es geht frisches und saisonales Obst und Gemüse – wenn möglich in Bio-Qualität. Denn diese Sorten schmecken besonders gut, haben keine langen Transportwege hinter sich und stecken deshalb voller Vitamine! Besuchen Sie gemeinsam mit Ihrem Kind einen Bauernhof und fragen Sie nach, ob frisch geerntete Möhrchen oder Kartoffeln zum Verkauf angeboten werden. Oft gibt es noch ein paar frisch gelegte Eier dazu – was glauben Sie, wie sich Ihr Kind zu Hause auf das Essen freut. Und an den Möhrchen darf es sowieso schon auf dem Heimweg knabbern.

Fragen aus der Praxis

Auch wenn viele Eltern über die wichtigsten Ernährungsregeln grundsätzlich Bescheid wissen, fällt die Umsetzung im Alltag oft schwer.

Mein Kind ist ein richtiger Morgenmuffel und lehnt das Frühstück kategorisch ab. Was kann ich tun, damit sein Tag gesund beginnt?

Das Frühstück ist in der Tat sehr wichtig, um gut in den Tag zu starten. Manche Kinder haben allerdings in der Früh noch nicht so viel Appetit und brauchen noch ein Weilchen, um in die Gänge zu kommen. Vielleicht reicht da schon ein Glas Milch oder eine kleine Scheibe Vollkornbrot. Bieten Sie Ihrem Kind nach ein bis zwei Stunden ein zweites Frühstück an, dann ist der Hunger bestimmt schon größer und Joghurt mit Früchten oder ein knackiges Müsli kommen besser an. Wichtig ist nur, dass der Blutzucker nach dem Aufstehen nicht ganz in den Keller rutscht, dann sind nämlich Heißhunger-Attacken vorprogrammiert.

In vielen Büchern sehe ich speziell für Kinder zubereitete Gerichte wie Gurkenschlangen, Kartoffelbrei-Fische oder Riesenkraken-Würste. Ist es wahr, dass Kinder das Essen, wenn es so speziell zubereitet ist, lieber mögen? Ist die Zubereitung dieser kleinen Kunstwerke wirklich nötig oder kann ich das Essen auch ganz »normal« anbieten?

Riesenkraken-Würste? Kartoffelbrei-Fische? Bitte nicht! Je mehr Extrawürste Sie Ihrem Kind anbieten, desto öfter wird es bei »normal« zubereitetem Essen unzufrieden reagieren und auf seinem Sonderessen bestehen. Streit am Esstisch ist damit vorprogrammiert. Und möchten Sie wirklich mit Zahnstocher und Co. in der Küche stehen, um irgendwelche »Kunstwerke« zuzubereiten? Mit Essen spielt man nicht, das bringen wir doch schon den Kleinsten bei. Es reicht deshalb völlig, wenn Sie die einzelnen Komponenten nett anrichten, ein bisschen auf die Farben achten und die Portionen klein halten. Das entspricht den Bedürfnissen der Kinder mehr. Ihr Kind soll ja ein normales Verhältnis zum Essen bekommen und das geht nur, wenn auch Sie bei der Zubereitung einen normalen Umgang mit den Lebensmitteln pflegen.

Gesunde Fitmacher

Bei vielen Gerichten ist es ganz einfach, sie mit wenigen Handgriffen in gesunde Fitmacher zu verwandeln. Auf einen Blick sehen Sie hier, welche eher nährstoffarmen Lebensmittel Sie durch eine vitamin- und nährstoffreichere Alternative ersetzen können. Nach einer kurzen Gewöhnungsphase greifen Sie automatisch zur gesunden Alternative, denn nicht nur Ihr Kind wird fit und aktiv, auch Sie und der Rest der Familie werden sich vitaler, ausdauernder, wacher und belastbarer fühlen. Sie werden auch rasch feststellen, dass zum Beispiel Vollkornprodukte viel mehr Geschmack und Aroma aufweisen wie Produkte aus Weißmehl.

Gesundheitsküche leicht gemacht

Lebensmittel	Gesunde Fitmacher
Weißmehl	Vollkornmehl
Weißbrot, helle Brötchen	Vollkornbrot, Vollkornbrötchen
Nudeln, Reis	½ Vollkornnudeln bzw. Reis, ½ helle Nudeln bzw. Reis
Vollmilchprodukte	Fettreduzierte Milchprodukte (1,5% Fett)
Fettreiche Wurst- und Fleischsorten	Fettärmere Varianten von Geflügel, Rind oder Lamm
Sonnenblumenöl	Rapsöl, Olivenöl
Kekse	Vollkornkekse, Müslikekse
Vollmilchschokolade	Schokolade mit hohem Kakaoanteil
Gezuckerte Frühstückscerealien	Ungezuckerte Cornflakes, Haferflocken
Gesüßter Fruchtjoghurt	Selbst gemachter Früchtejoghurt
Haushaltszucker	Honig, Agavendicksaft
Salz ohne Jod	Jodiertes Speisesalz
Trockenkräuter	frische Kräuter oder TK-Kräuter
Dosenobst und Dosengemüse	frisches Obst und Gemüse

Jedes Kind ist anders

Ist Ihr Kind körperlich sehr aktiv oder lässt es seinen Tag eher ruhig angehen und hüpft nicht von morgens bis abends wild herum? Abhängig davon, wie aktiv Ihr Kind ist, lässt sich sein Energiebedarf bestimmen. Beobachten Sie Ihr Kind daher, um festzustellen, zu welchem Typ es gehört. Aktive Kinder benötigen schon mal einen Zwischensnack mehr, ruhigere Kinder können auf diese zusätzliche Energie verzichten. Auch der Körperbau ist wichtig für die Festlegung der benötigten Energiezufuhr. Ist Ihr Kind für sein Alter eher klein und zart, benötigt es sicherlich nicht die gleiche Energiemenge wie ein größeres und kräftigeres Kind gleichen Alters.

Die gleichmäßige Verteilung der Mahlzeiten über den Tag ist wichtig, um Kinder regelmäßig mit den wichtigen Nährstoffen zu versorgen und sie leistungsstabil zu halten. Was und wie viel Ihr Kind benötigt, um sich wohl zu fühlen, finden Sie sehr schnell heraus. Halten Sie sich aber an regelmäßige Essenszeiten, das bringt Routine in den Alltag und der Körper kann sich so gut auf die Essenszeiten und -pausen einstellen.

Fünfmal am Tag!

Diese fünf Mahlzeiten lassen sich wunderbar auf den Tag verteilen. Grundsätzlich gilt: 2 kalte Mahlzeiten, 1 warme Mahlzeit und 2 Zwischenmahlzeiten. Die passenden Rezepte finden Sie ab Seite 80. Und so könnten Sie den Tag gestalten:

> Mit dem Frühstück gesund in den Tag starten!
> Ein kleines zweites Frühstück oder ein Vormittagssnack, um die Zeit bis zum Mittagessen zu überbrücken.
> Eine gemeinsam eingenommene warme Mahlzeit zum Mittagessen.
> Ein frischer und gesunder Snack am Nachmittag.
> Eine kalte Hauptmahlzeit zum Abendbrot, wenn möglich mit der ganzen Familie.
> Nicht vergessen: zu jeder Mahlzeit reichlich zu trinken anbieten und auch unabhängig von den Mahlzeiten immer wieder Getränke bereitstellen.

DER INDIVIDUELLE ENERGIEBEDARF

Kinder, die sehr aktiv sind und den ganzen Tag toben, brauchen mehr Energie als Kinder, die eher ruhig sind und sich gern mit Lesen, Malen und Musikhören beschäftigen. Passen Sie die tägliche Energiemenge individuell an!

Auf einen Blick – das braucht Ihr Kind

Wovon Sie Ihrem Kind besonders viel, eher mäßig oder nur ganz wenig anbieten sollten, sehen Sie auf den folgenden Seiten. So haben Sie die wirklich gesunden Lebensmittelgruppen immer parat und erinnern sich an Lebensmittel, die nur sparsam zu genießen sind.

Obst und Gemüse

Optimal ist, wenn Sie Ihrem Kind bis zu fünfmal am Tag Obst und Gemüse in jeglicher Form anbieten. Schon Kleinkinder können im Alter von einem Jahr frisches Obst und Gemüse knabbern. Manches müssen Sie allerdings schonend garen, damit es von den Kleinsten gut gegessen werden kann.

BUNT IST GESUND

Am besten bieten Sie Ihrem Kind in kleine Stücke geschnittenes rohes Obst und Gemüse an. Bunt gemischte Salate, gegartes oder gekochtes Gemüse in Suppen, Saucen, Aufläufen oder als Beilage und frisch aufgemixtes Obst in einem cremigen Smoothie passen auch wunderbar in den Speiseplan!

Und das steckt drin: Mit einer Fülle von Vitaminen, Mineralstoffen, sekundären Pflanzenstoffen und Ballaststoffen, sind alle frischen Obst- und Gemüsesorten wahre Fitmacher! Da Obst und Gemüse sehr viel Wasser enthalten, müssen Sie sich um eine zu hohe Energiezufuhr keine Sorgen machen.

Bevorzugen Sie Sorten, die der jeweiligen Jahreszeit entsprechen. Sie stammen von regionalen Produzenten, haben keine langen Transportwege hinter sich und kommen frisch geerntet auf den Tisch. Und das schmeckt und riecht man: Frisches Aroma und die richtige Portion Vitamine stecken nur in Saisonobst und -gemüse – und ökologisch ist es auch noch. Na dann!

So schmeckt es Ihrem Kind: Überfordern Sie Ihr Kleines nicht mit zu großen Portionen. Generell gilt: nur eine Handvoll pro Mahlzeit! Und zwar gemessen an der Hand Ihres Kindes. Da passt nur ein Stück Gurke, Karotte oder Paprika rein, ein halber Apfel oder drei Trauben, ein Klecks Kartoffelbrei oder zwei Kirschtomaten (siehe Seite 41). Sie sehen also, viel ist es nicht, was Ihr Kind braucht – und wenn es schmeckt, passt vielleicht noch ein bisschen was hinterher.

Auch die Zubereitung spielt natürlich eine große Rolle. Gemüse in Streifen oder Würfeln sind beliebt, werden auch gerne in einen

Dipp getaucht und dann als Snack gegessen. Obst als Mus oder mit kalter Milch gemixt schmeckt im Winter wie im Sommer. Manches Gemüse lässt sich allerdings nur gegart vertragen. So müssen Kohlsorten länger garen als andere Gemüsesorten, damit keine störenden und schmerzenden Blähungen auftreten.

Probieren Sie aus, welches Gemüse Ihrem Kind nur roh und welches ihm nur gekocht schmeckt. Da sind die Vorlieben ganz unterschiedlich. Und es schmeckt auch tatsächlich anders. Oft liegt es auch an der Konsistenz, wenn manch gekochtes Gemüse vehement abgelehnt wird.

Hülsenfrüchte

Erbsen, Linsen, Bohnen und Kichererbsen sind nicht nur wegen ihrer kleinen, kugeligen Form wahre Kinderlieblinge. Hülsenfrüchte werden in getrockneter Form oder als Konserve angeboten. Wenn Sie genügend Zeit für die Zubereitung haben, greifen Sie besser auf getrocknete Hülsenfrüchte zurück, da der Nährstoffgehalt bei diesen höher ist. Weichen Sie die Hülsenfrüchte gut ein, kochen Sie sie lange genug und Ihr Kind wird kein Problem mit der Verdauung haben. Wenn es schnell gehen muss, sind Konserven ein gute Alternative.

Und das steckt drin: Hülsenfrüchte stecken voller Vitamine der B-Gruppe, die für die gesamte Entwicklung wichtig sind. Außerdem enthalten sie wichtige Mineralstoffe wie Eisen, das der Körper für die Blutbildung dringend benötigt. Das in Hülsenfrüchten enthaltene Protein ist besonders wertvoll und lässt sich mit Eiweiß aus Getreide und Fleisch noch zusätzlich aufwerten. Die enthaltenen Ballaststoffe sorgen für eine gute Verdauung und ein Sättigungsgefühl, das lange anhält.

So schmeckt es Ihrem Kind: Die Form allein macht die meisten Hülsenfrüchte zu einer wahren Lieblingszutat im Salat, in Bratlingen, in Suppen oder Saucen oder als Beilage zu Fleisch- und Gemüsegerichten. Ein- bis zweimal pro Woche dürfen Erbsen und Co. daher gerne auf dem Speiseplan stehen.

TIPP

Finden Sie durch einen kleinen Geschmackstest heraus, was Ihrem Kind schmeckt: Bieten Sie Ihrem Nachwuchs verschiedene Obst- und Gemüsesorten roh und gekocht an. Probieren Sie auch selbst, was besser schmeckt!

Brot und Getreide

Diese Lebensmittelgruppe umfasst viele Produkte: Brot, Nudeln, Reis, jegliche Form von Flocken und natürlich gehören auch Couscous, Bulgur und Polenta dazu. Getreideprodukte enthalten vor allem Kohlenhydrate, die den Körper maßgeblich mit Energie versorgen. Ihr Kind darf sich deshalb daran satt essen. Ob Sie sich für Dinkel, Roggen oder Weizen entscheiden, bleibt Ihnen und den Vorlieben Ihres Kindes überlassen. Probieren Sie einfach, welches Getreide Ihnen und Ihrer Familie am besten schmeckt.

Und das steckt drin: Getreideprodukte aus Vollkorn haben den höchsten Gehalt an Nährstoffen, die sich in den Randschichten und im Keimling befinden. Bei Weißmehlprodukten gehen diese Nährstoffe bei der Ausmahlung verloren. Bevorzugen Sie deshalb Vollkornprodukte und versorgen Sie so Ihr Kind mit wertvollen Ballaststoffen, B-Vitaminen, Mineralstoffen (Magnesium und Eisen), Stärke und wichtigen ungesättigten Fettsäuren. Es reicht, wenn Sie die Hälfte der Getreideprodukte durch Vollkornprodukte ersetzen. Eine Laugenbreze oder Kekse kann Ihr Kind dann trotzdem ab und zu knabbern.

So schmeckt es Ihrem Kind: Die meisten Kinder essen Brot sehr gerne. Wählen Sie für Ihr Kleinkind Vollkornbrote aus fein gemahlenem Mehl ohne zusätzliche Körner, denn diese können beim Kauen Schwierigkeiten verursachen und noch nicht verdaut werden. Ältere Kinder trainieren Kiefer und Zähne durch das intensive Kauen von Vollkornbroten – hier dürfen also gerne Saaten und Kerne im Brot sein. Dünn bestrichen und belegt schmeckt Vollkornbrot zum Frühstück und Abendessen oder als Pausenbrot in Kindergarten oder Schule.
Vollkornnudeln und Vollkornreis sowie Getreidesorten wie Couscous, Hirse und Polenta schmecken im Auflauf, in einer bunten Gemüsepfanne, als Puffer mit Dipp oder mit einer leckeren Sauce wunderbar. Natürlich müssen es nicht immer Vollkornnudeln und Vollkornreis sein. In einigen Gerichten schmeckt das volle Korn hervorragend (zum Beispiel in den Vollkorn-Käse-Ecken

VOLLKORN VON ANFANG AN!

Gewöhnen Sie Ihr Kind von Anfang an an Vollkornprodukte. Das geht bei Brot und Gebäck los und wird dann später mit Vollkornnudeln, Reis und Müsli fortgesetzt. Wenn ein Kind gar nichts anderes kennenlernt, wird es Vollkornprodukte gerne akzeptieren.

BROT – WORAN ERKENNE ICH DAS RICHTIGE?

Der Ausmahlungsgrad lässt sich an der Typenzahl des Mehls able-
sen. Je höher die Typenzahl, desto höher ist der Nährstoffgehalt
des Mehls. Natürlich erkennt man das beim Brotkauf nicht mit
bloßem Auge. Fragen Sie beim Bäcker ruhig nach, welches Brot zu
100 Prozent aus Vollkornmehl besteht. Vollkornbrot ist auch nicht
immer dunkel. Brot aus fein gemahlenem Vollkornmehl sieht aus
wie ganz normales Mischbrot, ist aber viel gesünder.

auf Seite 97), in anderen wie dem Nudelauflauf von Seite 102
wiederum ist es völlig in Ordnung, normale Hartweizennudeln
zu verwenden.

Liebt Ihr Kind Müsli zum Frühstück? Lassen Sie Haferflocken aus
Vollkorn immer ein bisschen länger in der Milch einweichen,
dann geht das Kauen leichter. Ein paar Nüsse und kleingeschnittenes Obst dazu und fertig ist ein tolles selbst gemachtes Müsli,
das viel gesünder ist als eine Fertigmischung. Denn da lohnt es
sich mal wieder, auf die Zutatenliste zu schauen. Müsli-Mischun-
gen und Frühstückscerealien wie »Cornflakes« enthalten keinen
oder einen zu geringen Anteil an Vollkorn (nur darin steckt die
geballte Ladung an wichtigen Vitaminen und Mineralstoffen)
und nur einen geringen Getreideanteil. Stattdessen strotzen sie
nur so vor Zucker und enthalten nicht selten Farb- und Aromastoffe, die in der Kinderernährung nichts verloren haben und
manchmal sogar die Ursache für Allergien sein können.

Milch und Milchprodukte

Für ein optimales Wachstum sind Milch und Milchprodukte aufgrund des hohen, gut verfügbaren Kalziumgehalts in der Kinderernährung unerlässlich. Kalzium sorgt für einen stabilen Kno-
chenaufbau und starke Zähne. Milch wird als pasteurisierte
Frischmilch und ultrahocherhitzte H-Milch mit langer Haltbar-
keit angeboten. Die beiden Milchsorten unterscheiden sich im
Nährstoffgehalt jedoch kaum.

VOLLMILCH ODER FETTARM?

Bevorzugen Sie fettarme
Milch und Milchprodukte,
da sie denselben Nährstoffgehalt aufweisen wie Voll-
milchprodukte. Ist Ihr Kleines allerdings sehr zierlich,
darf es ruhig das Glas Vollmilch zum Frühstück sein.

Und das steckt drin: Milchprodukte liefern gut verfügbares Kalzium, hochwertiges Eiweiß, die Vitamine A, D, E und K sowie Jod und Phosphor. Allerdings enthalten viele Milchprodukte zu viel Fett in Form von gesättigten Fettsäuren. Bevorzugen Sie deshalb, um möglichem Übergewicht vorzubeugen, fettarme oder teilentrahmte Milch (1,5 % Fett) gegenüber Vollmilch (3,5 % Fett). Auch Joghurt und Speisequark werden in der fettarmen Variante im Handel angeboten. Und das Gute daran, Kinder merken den Unterschied meist gar nicht. Ist Ihr Kind allerdings sehr dünn und klein für sein Alter, ist in diesem Fall die fettreichere Milch die bessere Wahl.

So schmeckt es Ihrem Kind: Milchprodukte sind richtige Alleskönner. Ob pur im Glas, als Kakao oder im Frühstücksmüsli – die meisten Kinder lieben sie. Ein kalziumreicher Start in den Tag ist so schon in der Früh gesichert.

Auch in Käse steckt eine ordentliche Portion Kalzium. Bereits eine Scheibe Schnittkäse und drei Esslöffel Weichkäse enthalten so viel Kalzium wie ein Glas Milch: Ein zur Hälfte mit Käse und zur Hälfte mit Frischkäse und Kirschtomaten belegtes Vollkorn-

GU-ERFOLGSTIPP HÄNDE WEG VON KINDERLEBENSMITTELN!

Lassen Sie am besten von Anfang an die Hände weg von sogenannten Kinderlebensmitteln. Es steckt ein **Zuviel** an Fett, Zucker und Aromastoffen in den bunten Verpackungen, jedoch **zu wenig** von den versprochenen Nährstoffen, Vitaminen und Mineralstoffen. Hat sich Ihr Kind erst einmal an diese speziellen Lebensmittel gewöhnt, wird es für Sie schwierig werden, wieder zu naturbelassenen Nahrungsmitteln zurückzukehren. Denn diese sind in der Regel weniger süß, weniger fett und kitzeln den Gaumen deshalb nicht so sehr wie die vollgestopften bunten Kinderprodukte, die überall angeboten werden. Süßigkeiten lassen sich nicht kategorisch verbieten. Zu Geburtstagsfesten und besonderen Anlässen darf es schon mal eine bunte Tüte voller Leckereien sein. Machen Sie Ihrem Kind aber bewusst, dass es sich um eine Ausnahme handelt.

brötchen am Abend, und schon ist Ihr Kind mit der Hälfte des nötigen Tagesbedarfs an Kalzium versorgt. Auch geriebener Hartkäse wie Parmesan (übrigens ein richtiger Lieblingskäse von Kindern) versorgt Ihr Kind mit Kalzium. Zu Nudeln und auf Pizza oder Aufläufen steht der kräftige Käse schon bei den Allerkleinsten hoch im Kurs.

Mag Ihr Kind partout keine Milch? Versuchen Sie es mit Joghurt oder Quark. Die schmecken mit etwas Obstmus aus Apfel oder Birne ganz besonders gut. Mit etwas Zimt gewürzt wird eine richtige Lieblingscreme daraus. Auch Milchmixgetränke oder Kakao trinken manche Kinder lieber als Milch pur. Ein Glas Milch lässt sich auch in Saucen oder Suppen, in Pfannkuchen oder Milchreis verstecken. Und jeder Gemüsebrei – ob Kartoffel oder Kürbis – wird durch einen großen Schuss Milch erst richtig cremig.

Fleisch und Wurst

»In der allergrößten Not, schmeckt die Wurst auch ohne Brot«. Das müssen viele Eltern ihren Kindern nicht zweimal sagen, denn Kinder lieben es, die Wurst vom Brot zu knabbern und genießen sie am liebsten pur. Welches Kind schüttelt schon den Kopf, wenn der nette Metzgermeister eine Scheibe Gelbwurst über die Theke reicht? Und ein knusprig gebratenes Hühnchen aus dem Ofen zählt bei vielen Kindern zu den absoluten Lieblingsgerichten. Zwei- bis dreimal die Woche darf Fleisch und Wurst deshalb gerne auf dem Speiseplan stehen. Wählen Sie unterschiedliche Sorten aus, denn diese variieren in Nährstoff- und Fettgehalt. Es muss also nicht immer das etwas fettreichere Schweinefleisch sein, aus Geflügel, Rind und Lamm lassen sich ebenfalls tolle Kindergerichte zaubern.

Und das steckt drin: Fleisch und Wurst liefern vor allem hochwertiges Protein, Zink und B-Vitamine. Das in Fleisch enthaltene Spurenelement Eisen ist besonders gut für den Körper verfügbar.

So schmeckt es Ihrem Kind: Fleisch schmeckt Kindern in allen möglichen Varianten. Als Wurst auf einem bunten Sandwich so-

FLEISCH – DER BESTE EISENLIEFERANT

Generell gilt, je röter das Fleisch ist, desto mehr Eisen enthält es. Rindfleisch enthält mit Wild wie Reh oder Hirsch im Vergleich zu anderen Fleischsorten am meisten Eisen.

KANN ICH MEIN KIND VEGETARISCH ERNÄHREN?

Es kommt ganz darauf an, welche Art von Vegetarismus Sie für Ihr Kind wählen. Eine vegane oder lacto-vegetarische Ernährung ist für Kinder sicherlich nicht ausreichend. Die ovo-lacto-vegetarische Ernährung kann Ihr Kind bei konsequenter Durchführung mit den wichtigsten Nährstoffen für sein Wachstum versorgen. Versuchen Sie, um die Eisenaufnahme aus pflanzlichen Lebensmitteln zu sichern, möglichst viele Vollkornprodukte und unterschiedliches Getreide wie Hafer, Hirse & Co. im Speiseplan unterzubringen. Auch Hülsenfrüchte (Erbsen und Bohnen) und Spinat versorgen Ihr Kind mit dem nötigen Spurenelement Eisen. Wenn Sie Ihrem Kind ein Glas Orangensaft, etwas Obst oder einen frischen Salat dazu anbieten, wird die Eisenaufnahme im Körper durch das enthaltene Vitamin C sogar noch gefördert.

wieso, aber auch als Schnitzelchen, in Würfeln aufgespießt, in Mamas bester Bolognese-Sauce oder als Bulette oder Geschnetzeltes. In welcher Form Ihr Kind die Eisenpower am liebsten mag, finden Sie bestimmt bald heraus.

Eier

Eierspeisen stehen bei Kindern auf der Hitliste ganz weit oben. Das Frühstücksei am Sonntag oder Papas Rührei für Champions dürfen gerne zweimal die Woche auf dem Speiseplan stehen. Eier sind leicht verdaulich und machen lange satt. Achten Sie beim Einkauf auf Eier aus ökologischer- oder Freilandhaltung, da die Art der Haltung großen Einfluss auf die Qualität des Eis ausübt. Und natürlich schmeckt ein Ei von glücklichen Hühnern viel besser als Eier aus der Legebatterie.

Und das steckt drin: Eier enthalten gut verwertbares Eiweiß, sind reich an Vitaminen (vor allen an Vitamin D) und Mineralstoffen.

So schmeckt es Ihrem Kind: Ob als gekochtes Ei, Rührei oder Spiegelei, zum Frühstück hat jedes Kind seine Lieblingsvariante. Da aber die Zubereitung aller drei Frühstücksgerichte sehr schnell geht, darf ruhig jedes Familienmitglied seinen Wunsch äußern. Eierspeisen wie Pfannkuchen, Kaiserschmarren, fluffige Aufläufe und natürlich süßes Gebäck mögen alle Kinder gerne!

Fisch

Vor allem Seefisch wie Seelachs, Kabeljau und Scholle aber auch Lachs oder Hering sollte einmal wöchentlich auf dem Speiseplan Ihres Kindes stehen.

Und das steckt drin: Fisch ist ein guter Jodlieferant, das im Binnenland ohnehin Mangelware ist. Die fettreicheren Fischarten enthalten Omega-3-Fettsäuren, die schon im jüngsten Kindesalter gesundheitsfördernd sind.

So schmeckt es Ihrem Kind: Nicht jedes Kind lässt sich von Anfang an zu Fisch überreden. Manchmal ist da ganz schön Geduld gefragt. Bieten Sie den Fisch in nicht zu großen Stücken an, sondern braten Sie kleine Fischwürfel oder machen Sie aus festem Fischfilet selbst Fischstäbchen (siehe Rezept Seite 115). Wenn der Fisch schön knusprig gebraten ist, wird er von den meisten Kindern gerne gegessen.

Speiseöl und Fette

Grundsätzlich gilt, Speiseöl und Fette in der Küche nur sparsam einzusetzen. Das heißt aber nicht, dass Sie jedes Fett verteufeln sollten. Ganz im Gegenteil: wenn Sie das richtige Speiseöl verwenden und auf versteckte (ungesunde) Fette im Essen achten, sind die enthaltenen Inhaltsstoffe sogar gesundheitsfördernd. Vor allem pflanzliche Öle und Fette dürfen in der kalten und warmen Küche nicht fehlen. Tierische Fette wie Butter oder Schmalz sollten dagegen nur zurückhaltend zum Einsatz kommen. Aber: Nichts gegen ein frisches Butterbrot!

Und das steckt drin: Besonders pflanzliche Fette enthalten viele wertvolle ungesättigte Fettsäuren wie Linolsäure und Ölsäure, die unser Körper nicht selbst herstellen kann. Wir müssen sie deshalb über die Nahrung aufnehmen. Vor allem in Rapsöl und Oli-

GESUNDES FETT
Pflanzliche Öle enthalten viele ungesättigte Fettsäuren, die der Körper selbst nicht herstellen kann. Besonders Oliven- und Rapsöl sind empfehlenswert.

venöl sind diese Fettsäuren in einem ausgewogenen Verhältnis zu finden. Vitamin E in Pflanzenölen trägt unter anderem zur Bildung der roten Blutkörperchen und Muskelzellen bei und wirkt als Antioxidans, das heißt es dient dem Schutz der Zellen.

So schmeckt es Ihrem Kind: Gegen ein bisschen Butter unter dem Brotbelag ist absolut nichts einzuwenden, solange die Wurst oder der Käse selber nicht allzu fetthaltig sind. Verwenden Sie tierische Fette sparsam und backen Sie auch mal einen Kuchen mit einem Teil Rapsöl und einem Teil Butter. Das funktioniert genauso, ist aber um einiges gesünder. Auch Fleisch, Fisch und Gemüse lassen sich ganz ohne Butterzusatz knusprig in geschmacksneutralem Rapsöl anbraten.

Süßwaren, Zucker und Knabberzeug

Dass naschen nicht gesund ist, weiß schon jedes Kleinkind, heißt es doch immer: »Nasch nicht so viel, das ist schlecht für die Zähne.« Dass Schokolade und zu viel Süßes meist verboten werden, macht sie bestimmt für Kinder doppelt so interessant. Zehn Prozent der benötigten Energie dürfen Kinder am Tag aber ruhig »vernaschen«. Erfolgt der Griff in die Bonbontüte jedoch zu oft, bleibt der Hunger bei den richtigen Mahlzeiten auf der Strecke. Versuchen Sie deshalb, nicht zu viel Süßes zwischendurch anzubieten, sondern den kleinen Nachtisch direkt nach dem Mittagessen zu geben.

Und das steckt drin: Zucker und ein Zuviel an Kalorien. Beides tut Ihrem Kind nicht gut. Zu viel Zucker lässt den Blutzucker schnell ansteigen und ebenso schnell wieder abfallen. Die Folge: Ihr Kind wird zappelig und unruhig und möchte meist noch mehr, um den plötzlichen Hunger wieder zu stillen. Putzen Sie gemeinsam eine halbe Stunde nach dem Verzehr von Süßigkeiten die Zähne, um Karies vorzubeugen.

So schmeckt es Ihrem Kind: Keine Frage, Süßigkeiten mögen alle Kinder. Vielleicht können Sie Ihr Kind von Anfang an an nur

NASCHEN – DER BESTE ZEITPUNKT
Geben Sie Ihrem Kind die tägliche Süßigkeitenration am besten nach der Hauptmahlzeit. Der größte Hunger ist dann bereits gestillt und die Naschportion danach fällt klein aus.

leicht gesüßte Speisen gewöhnen. Das Süßen von Tee und Kakao ist überflüssig. Wählen Sie für selbst gemachten Fruchtjoghurt Obst, das bereits pur süß schmeckt. Ideal sind Bananen, Erdbeeren oder Mandarinen. Verwenden Sie zum Süßen neben Zucker auch Honig, Birnendicksaft oder Rohrzucker. Je weniger Süßes Ihr Kind kennenlernt, desto weniger Heißhunger auf Süßes wird es entwickeln.

Getränke

Trinken! Trinken! Trinken! Denn Getränke liefern Wasser, das unser Körper dringend braucht. Kinder sollen viel trinken, nicht nur zu jeder Mahlzeit, sondern auch über den Tag verteilt. Manche Kinder haben kein natürliches Durstgefühl, bieten Sie deshalb immer wieder Getränke an und stellen Sie Becher und Getränke auch zum selbstständigen Nachschenken auf den Tisch. Kinder, die sehr aktiv sind, benötigen mehr Flüssigkeit als Kinder, die eher ruhig sind. Mindestens sollten es über den Tag verteilt aber 1 bis 1,5 Liter sein. Einfach machen Sie es sich, wenn Sie direkt den Leitungshahn aufdrehen. Denn Trinkwasser hat in Deutschland eine hervorragende Qualität, da es ständig von den zuständigen Wasserwerken kontrolliert wird. Sollten Sie sich nicht sicher sein, rufen Sie ruhig beim Wasserwerk an und erkundigen Sie sich nach der Trinkgüte.

Und das steckt drin: Wasser! Wasser ist ein lebenswichtiger Nährstoff. Der Körper von Kindern besteht zu über 70 Prozent aus Wasser. Trinken Kinder zu wenig, kann es zu Dehydrierung mit Symptomen wie Kopfschmerzen und Abgeschlagenheit kommen. Wenn Ihr Kind quengelig ist, ohne dass Sie eine Ursache dafür erkennen können, könnte daher Durst dahinterstecken. Bieten Sie ihm in diesem Fall ein großes Glas frische Schorle oder Tee an.

So schmeckt es Ihrem Kind: Nicht jedes Getränk ist der perfekte Durstlöscher. Lernen Kinder erst mal zuckerhaltige Getränke wie Limonaden oder süße Fruchtsäfte kennen, werden sie auch immer danach fragen. Bieten Sie Ihrem Kind von Anfang an das

GRÜNER TEE FÜR KINDER?

Grüner Tee ist für die Kinderernährung zwar besser geeignet als schwarzer Tee, da das enthaltene Koffein an Gerbstoffe gebunden ist, dennoch sollten Sie lieber auf Früchte- und Kräutertees zurückgreifen.

Richtige zu Trinken an! Ganz oben auf der Liste der geeigneten Durstlöscher stehen:

> Wasser, entweder aus der Flasche oder aus der Leitung. Einige Kinder mögen Sprudel, andere wiederum trinken nur stilles Wasser. Da können Sie getrost den Hahn aufdrehen, denn deutsches Trinkwasser wird ständig auf seine Qualität hin überwacht.

> Kräuter- oder Früchtetees – natürlich ungesüßt. Das Angebot im Handel ist riesengroß, da ist bestimmt auch für Ihr Kind ein Lieblingstee dabei.

> Fruchtsaftschorlen aus reinem Fruchtsaft (100 Prozent Fruchtanteil) im Verhältnis Wasser: Fruchtsaft von mindestens 2:1, wenn nicht 3:1.

> Fruchtsaftgetränke sind gesüßte, mit Wasser verdünnte Fruchtsäfte. Sparen Sie diese zusätzliche Energie ein, und bieten Sie diese Getränke – wenn überhaupt – nur selten an.

> Dasselbe gilt für Limonaden und Colagetränke: Sie sollten – wenn überhaupt – nur ausnahmsweise auf den Tisch kommen. Viel mehr als eine überflüssige Portion Zucker ist in diesen Getränken nicht enthalten.

CONVENIENCE FOOD

Unter Convenience Food fasst man vorgefertigte Lebensmittel zusammen, die meist tisch- und verzehrfähig angeboten werden. So sind Tiefkühlgerichte, Instanterzeugnisse, ja sogar Teigmischungen für Gebäck sowie küchenfertige Lebensmittel wie Bratkartoffeln oder Klöße in Hülle und Fülle in den Lebensmittelgeschäften erhältlich. Bei der richtigen Wahl von Tiefkühlkost muss die Qualität jedoch nicht leiden. Ungewürztes Tiefkühlgemüse ist sogar meist vitaminreicher als frisches Gemüse vom Markt, das bei der Lagerung schon einiges an Nährstoffen eingebüßt hat. Sollten Sie zu Fertiggerichten greifen, achten Sie darauf, dass keine Geschmacksverstärker, keine künstlichen Aromastoffe sowie übermäßiger Zucker und zu viel Fett enthalten sind. Peppen Sie Fertigprodukte mit frischen Lebensmitteln wie Kräutern oder Käse auf. Gemüsemischungen aus der Tiefkühltruhe eignen sich gut als Basis für eine Nudelsauce oder als Farbtupfer im Kartoffelauflauf.

SO VIEL DARF ES SEIN – DIE TÄGLICHE NÄHRSTOFFVERTEILUNG

Für eine gesunde ausgewogene Ernährung braucht Ihr Kind täglich mehrere Komponenten verschiedener Nahrungsmittel. Je vielseitiger der Speiseplan ausfällt, desto besser ist die Versorgung mit den lebenswichtigen Vitaminen, Mineralstoffen und Spurenelementen gewährleistet. Der untenstehenden Tabelle können Sie entnehmen, welche Lebensmittel Ihr Kind täglich zu sich nehmen sollte (grün) und welche zwei- bis dreimal pro Woche (gelb) und seltener (rot) auf dem Speiseplan stehen. Die Tabelle auf Seite 32 und 33 verrät Ihnen, in welchen Nahrungsmitteln die wichtigsten Nährstoffe enthalten sind. So wird es leicht, für Abwechslung auf dem Teller zu sorgen!

Kalorien/Tag	Kinder 1–3 Jahre	Kinder 4–6 Jahre
Obst und Gemüse	5-mal am Tag 1 Portion = 1 Handvoll	5-mal am Tag 1 Portion = 1 Handvoll
Hülsenfrüchte	50 g/Woche	70 g/Woche
Brot und Getreide	100–120 g/Tag (zu ersetzen durch 1 Portion Haferflocken)	150–170 g/Tag
Getränke	500–700 ml/Tag (5–7 Gläser über den Tag verteilt)	800–1000 ml/Tag (8–10 Gläser über den Tag verteilt)
Milch und Milchprodukte	300–350 ml Tag	350–450 ml/Tag
Fleisch	50–60 g/Woche	80 g/Woche
Wurst	½ Scheibe/Tag	1 Scheibe/Tag
Eier	1–2 Eier/Woche	2 Eier/Woche
Fisch	50–70 g/Woche	100 g/Woche
Speiseöle und Fette	15–20 g/Tag, das entspricht 1–2 EL	25 g/Tag, das entspricht 2–3 EL
Süßwaren, Zucker und Knabberzeug	Max. 100 kcal/Tag	Max. 150 kcal/Tag

VITAMIN- UND MINERALSTOFFTABELLE

Vitamine	Kind von 1–6 Jahren benötigt	Im Körper wichtig für	Vorkommen in Lebensmitteln
Vitamin A	0,6–0,7 mg	das Wachstum und den Sehvorgang	Thunfisch, Leberwurst, Spinat, Möhren, Kürbis, Orangen
Vitamin D	5 µg	Knochen, Zähne und die Immunabwehr	Milch, Ei, Fleisch, fetter Fisch wie Hering oder Lachs
Vitamin E	5–8 mg	die Zellen, stärkt Nerven und Muskeln	Rapsöl, Sonnenblumenöl, Weizenkeimöl, Nüsse, Sonnenblumenkerne
Vitamin K	15–20 µg	Blutgerinnung und Knochenbildung	Haferflocken, Quark, Eier, Cashewnüsse, Weizenkeimöl, Kichererbsen
Vitamin B1	0,6–0,8 mg	den Stoffwechsel des Gehirns, der Nerven und der Muskeln	Fleisch, Getreide, Hülsenfrüchte, Kartoffeln, Sonnenblumenkerne
Vitamin B2	0,7–0,9 mg	den Energiestoffwechsel	Milchprodukte, Eier, Fisch, Vollkornprodukte, Brokkoli, Spargel, Spinat
Vitamin B6	0,4–0,5mg	den Muskelaufbau	Haferflocken, Vollkornbrot, Kürbiskerne, Walnüsse
Vitamin B12	1,0–1,5 µg	die Zellfunktion, die Blutbildung und das Nervensystem	Milchprodukte, z.B. Naturjoghurt, Milch, Frischkäse, Camembert
Vitamin C	60–70mg	die Unterstützung der Immunabwehr, macht freie Radikale unschädlich	Frühstücksflocken, Orangensaft, Zitrone, Paprika, schwarze Johannisbeere

Mineralstoffe	Kind von 1–6 Jahren benötigt	Im Körper wichtig für	Vorkommen in Lebensmitteln:
Kalzium	600–700 mg	den Aufbau und Erhalt von Knochen und Zähnen	Milchprodukte wie zum Beispiel Milch, Naturjoghurt, Käse (Edamer, Emmentaler, Parmesan)
Magnesium	80–120mg	die Knochenbildung	Sojabohnen, Sonnenblumenkerne, Fisch, Vollkornbrot, Kartoffeln, Kohlrabi, Milch und Milchprodukte, Beerenobst, Bananen
Kalium	1–2 g	die Energieproduktion	Obst, Gemüse, Fleisch, Fisch
Natrium	0,3–0,5 g	den Wasser- sowie Säure-Basen-Haushalt	Salzhaltige Lebensmittel, Käse, Wurst
Eisen	8 mg	Konzentrations- und Leistungsfähigkeit	Fleisch, grünes Gemüse, Erbsen, Vollkornprodukte
Spurenelemente			
Jod	100–120 μg	die Schilddrüsenfunktion	Fisch (Kabeljau, Seelachs), Eier, Milchprodukte, Jodsalz
Fluor	0,7–1 mg	schützt vor Karies und Osteoporose	Butter, Eier, Meeresfisch, Hirse, Erdnüsse, Walnüsse, Spinat
Zink	1–2 mg/kg Körpergewicht	Wachstum, Haut, Insulinspeicherung und Eiweißsynthese	Rindfleisch, Seefisch, Käse, Eier, Vollkornprodukte

Die vier Esstypen

Jedes Kind ist anders, und jedes Kind isst auch anders. Mit wenigen Tricks ist es aber möglich, auch kleinen Fleischliebhabern und Gemüsemuffeln mehr Vielfalt schmackhaft zu machen. Zu welchem Typ gehört Ihr Kind?

Picky

Kleine Spatzen, die nur im Essen picken und selbst die Erbsen vom einen zum anderen Tellerrand kullern lassen, gibt es viele. Aus jedem Gericht werden ungeliebte Zutaten gefischt und vom Brot essen kleine Pickys sowieso nur die Rinde oder das Innere. Wenn Ihr Kind wirklich nur wie ein Spatz im Essen pickt und Sie merken, dass fast die ganze Mahlzeit auf dem Teller bleibt, versuchen Sie, Ihrem Nachwuchs von Anfang an nur kleine Miniportionen zu geben. Das überfordert nicht und einen Nachschlag kann Ihr Kind jederzeit bekommen. Es wird das in kleinen Portionen angebotene Essen lieber essen. Lassen Sie Ihrem Kind jedoch kein stundenlanges Spielen mit dem Essen durchgehen.

Schleckermäulchen

Kann Ihr Kind von Keksen, Schokoriegeln, Pfannkuchen und Pudding gar nicht genug bekommen? Und möchte von frischem Obst und Rohkost gar nichts wissen? Dann haben Sie ein kleines Schleckermäulchen zu Hause. Doch industriell hergestellte Lebensmittel sind meist unnötig gezuckert und machen den Gaumen Ihres Kleinen zu einem richtigen Süßgaumen. Versuchen Sie, dies zu vermeiden und bieten Sie Ihrem Kind die natürliche Süße aus Früchten wie Banane, Aprikose, Birne und Co. an. Zum Süßen von Joghurt oder Quark bietet sich Honig oder Birnendicksaft an. Wenn Großeltern oder Gäste kommen, bitten Sie diese, keine zuckerhaltigen Mitbringsel zu schenken. In Kinderkrippe und -garten sowie bei Geburtstagseinladungen wird Ihr Kind ohnehin genug zum Schlecken bekommen. Passen Sie außerdem im Supermarkt an der Kasse auf – dort lauern noch mal geballte Ladungen Süßigkeiten. Wenn Sie von Anfang an nicht nachgeben, wird Ihr Kind schnell lernen, dass sich der Aufstand an der Kasse nicht lohnt.

DIE WURST OHNE BROT

Isst Ihr Kind grundsätzlich nur die Wurst und lässt das Brot links liegen? Versuchen Sie den Verzehr von Fleisch und Wurst auf 3-4 Portionen in der Woche zu beschränken, Wurst enthält viel Salz und oftmals auch viel zu viel Fett.

Gemüsemuffel

Duldet Ihr Kind kein Grün, Rot oder Orange im Essen und lehnt jedes Gemüse kategorisch ab? Dann verzweifeln Sie nicht, sondern bieten Sie Ihrem Gemüsemuffel immer wieder eine Sorte Gemüse an. Versuchen Sie es außerdem mit verschiedenen Zubereitungsmethoden: mal roh, mal in der Suppe, mal gekocht, mal überbacken. Es kann nämlich gut sein, dass Tomaten zwar nicht roh gegessen werden, in der Sauce zu den Nudeln aber super ankommen. Paprika werden in der Regel lieber roh als gekocht gegessen. Probieren Sie aus, was Ihrem Kleinen schmeckt. Gemüse und Obst in Streifen oder Würfel geschnitten lieben fast alle. Wenn gar nichts hilft, pürieren Sie gegartes Gemüse unter die Lieblingssauce zu Nudeln, Kartoffeln oder Reis.

Purist

Nudeln ohne Sauce, Käse ohne Brot, Fleisch pur! Das sind kleine Puristen, die ungern mischen und mit einer Komponente der Mahlzeit völlig zufrieden sind. Doch gibt es eben nicht Käse oder Fleisch satt und die wertvollen Nährstoffe von Obst, Gemüse und Vollkorn kommen bei Puristen viel zu kurz. Ihr Kind ist das Einheitliche noch vom Brei gewöhnt und kann sich schwer an das Mischen der verschiedenen Komponenten und Geschmacksrichtungen gewöhnen. Streichen Sie jedoch auf keinen Fall Ihren Speiseplan zusammen, sondern bieten Sie weiterhin mehrere Komponenten an. Lassen Sie Ihr Kind selbst entscheiden, wie viel es von der Sauce möchte, gerne auch neben den Nudeln, aber regen Sie es zum Probieren an, nur so können sich neue Vorlieben und ein offenes Probierverhalten ausbilden. Auch hier sind Sie als Eltern wieder als Vorbild gefragt. Je offener Sie Ihren eigenen Speiseplan gestalten, desto offener wird auch Ihr Kind gegenüber neuen Gerichten und Geschmäckern.

GU-ERFOLGSTIPP

NUR NICHT AUFGEBEN

Bis zu zehnmal sollten Sie Ihrem Kind ein neues Lebensmittel anbieten. Wenn es beim zehnten Mal den Teller mit Paprika immer noch verschmäht, akzeptieren Sie, dass es Paprika nicht mag und versuchen Sie es mit einer anderen Gemüsesorte. Ein bisschen Geduld und Ausdauer benötigen Sie allerdings schon. Beides lohnt sich aber, denn die meisten Gemüsesorten werden schon nach ein paar Versuchen gerne gegessen.

GESUNDE KINDERERNÄHRUNG IM ALLTAG

Vom Frühstück bis zum Abendbrot: So ernähren Sie Ihr Kind richtig und ausgewogen – für eine gesunde Entwicklung von Anfang an!

Erfolgsstrategien für ein gesunde Ernährung

Die richtige Ernährung Ihres Kindes ist eine der wichtigsten Grundlagen für seine gesunde körperliche und seelische Entwicklung. Gewöhnen Sie Ihr Kind deshalb so früh wie möglich – schon zu Beginn des zweiten Lebensjahres – an eine ausgewogene abwechslungsreiche Ernährung mit viel Obst und Gemüse. Denn als Chefkoch der Familie sind Sie in hohem Maße in der Ernährungserziehung gefragt. Das betrifft auch Ihre eigenen Essgewohnheiten. Denn Vorbild für Ihr Kind sind vor allem Sie!

Vorbild sein!

Das Nachahmen von vielen Gewohnheiten geht schon im Kleinkindalter los, und da Sie als Eltern die engsten Bezugspersonen für Ihr Kind sind, ist es nicht verwunderlich, wenn Ihr Kind nicht nur Wörter und Gesten, sondern auch Essgewohnheiten nachahmt – und das soll es natürlich auch. Das macht sich schon beim Frühstück bemerkbar. Nicht selten möchten Kinder schon den allmorgendlichen Kaffee oder schwarzen Tee mittrinken. Denn hier gilt: nicht das Sagen, sondern das Tun prägt kleine Kinder. Sie als Vorbild sollten deshalb dasselbe leben, was Sie von Ihrem Kleinkind verlangen. Natürlich können Sie Ihrem Kind ganz einfach erklären, dass Kaffee und schwarzer Tee nur etwas für Erwachsene ist (vergessen Sie nicht zu erklären warum), jedoch wird es Ihr Kind nicht verstehen, wenn Papa gezuckerte Frühstücks-Cerealien löffelt, es selbst jedoch Haferflocken und Apfel im Schüsselchen vorfindet. Bestimmt haben Sie als Eltern auch ein Lieblingsessen und natürlich auch etwas, das Sie nicht allzu gerne mögen. Das ist ganz natürlich und normal. Sollte es aber so sein, dass Papa partout kein Gemüse und keinen Salat anrührt, kann es gut sein, dass sich Sohnemann das bei seinem Vater abguckt und die gesunden Vitamine links liegen lässt. Liebe Väter, lassen Sie es Ihrem Kind, aber auch sich selbst zuliebe, noch mal darauf ankommen und versuchen Sie immer ein bisschen vom vielleicht ungeliebten Salat zu nehmen und auch zu essen. Sie werden schnell merken, dass so ein kleiner Vitaminkick gut tut und richtig zubereitet auch sehr gut schmeckt. Wenn Sie selbst eine positive Einstellung zu gesundem Essen haben, sind Sie das beste Vorbild für Ihr Kind!

VORBILDER IN KITA UND KINDERGARTEN

Die Verpflegung in Kinderkrippe und Kindergarten ist oft ein schwieriges Thema. Denn nicht immer ist alles gesund und frisch zubereitet, was dort angeboten wird. Versuchen Sie bei Elternabenden das Thema Verpflegung so oft wie möglich anzusprechen. Fragen Sie, ob die Erzieherinnen ihre Mahlzeiten gemeinsam mit den Kindern einnehmen. Denn sobald Ihr Kind durch die Tür getreten ist, übernehmen die Erzieher die Vorbildfunktion.

GU-ERFOLGSTIPP VÄTER AN DEN HERD

Schön ist, wenn auch Papa regelmäßig die Regie in der Küche übernimmt. Denn dass kochen nur Frauensache ist, sollten Sie Ihrem Kind erst gar nicht vorleben. Nebenbei verschafft die gemeinsame Kochaktion beiden ein schönes Gemeinschaftserlebnis – und Ihnen eine Verschnaufpause. Wichtig ist nur, dass Sie Ihrem Partner das Feld auch ganz überlassen.

Essen wie die Großen

Bisher kannte Ihr Kleines nur mild gewürzte Breie und muss sich nun nicht nur an neue Geschmacksrichtungen, sondern auch an eine Vielzahl anderer Dinge gewöhnen. So ist manches Essen weich, manches bissfest, anderes knusprig, knackig, fest oder klebrig. Dies sind alles Eindrücke im Mund, die Ihr Kind bisher nicht kannte. Dazu kommt, dass Ihr Kind auch lernen soll, das Essen anfangs noch mit einem Löffelchen, später aber auch mit Gabel und Messer selbst zu essen. Lauter Dinge, die nicht von heute auf morgen klappen werden. Seien Sie daher geduldig und bringen Sie Ihrem Kind langsam das neue Essen bei.

Kindgerecht zubereiten

Buntes Gemüse sieht per se schon hübsch auf dem Teller aus. Noch ansprechender wird es, wenn Sie es in kleine oder große Würfel, in breite oder schmale Streifen schneiden. Püree können Sie mit einer Spritztülle in kleine Häufchen auf den Teller spritzen. Sie müssen keinesfalls mit dem Essen spielen – Ihr Kind soll das ja auch nicht – und aus Gemüse, Fleisch und Nudeln Spielzeug oder Tiere basteln. Belassen Sie es bei der natürlichen Form! Wichtig ist nur, dass alles klein geschnippelt und fein auf dem Teller angerichtet ist – jede Komponente für sich. Mischen können die Kleinen dann selbst nach Lust und Laune.

Wenn Sie täglich für Abwechslung im Speiseplan sorgen, können Sie auch versuchen, jeden Tag eine andere Farbe auf den Teller zu bringen. Am Montag gibt's Nudeln mit roter Tomatensauce, am Dienstag eine giftgrüne Erbsensuppe, am Mittwoch kunterbunte Pizzabrötchen und am Donnerstag quietschorange Karotten mit Kartoffelbrei. Nutzen Sie die Farben der Natur – denn bunt ist gesund, sieht ansprechend aus und: schmeckt einfach besser!

Eine Handvoll

Kleines Kind, kleiner Magen. Großes Kind, großer Magen. Die richtige Portionsgröße auf dem Teller ist für Ihr Kind sehr wichtig. Sie sollte in etwa der Größe seiner Hand entsprechen. Denn das Essen aufs Gramm genau abzuwiegen, ist nicht besonders

ÜBERSICHT AUF DEM KINDERTELLER
Die meisten Kinder schätzen Übersicht auf dem Teller. Servieren Sie daher Nudeln und Sauce immer getrennt und richten Sie andere Speisen nebeneinander auf dem Teller an. Ihr Kind kann dann selbst entscheiden, was es mischen möchte.

sinnvoll und zudem sehr zeitraubend. Da ist das Handmaß schon praktischer. Beziehen Sie Ihr Kind ruhig mit ein. Der Vergleich mit Essensportion und Hand ist für Ihren Nachwuchs sicherlich spannend und macht das Essen zum Erlebnis. Zeigen Sie Ihrem Kleinen auch Ihre eigene Hand und vergleichen Sie mit der Portion auf Ihrem Teller.

Unten sehen Sie, wie viel von welchen Lebensmitteln eine Portion ergibt. So können Sie in etwa die Tagesportionen abmessen und gut verteilen. Von Obst und Gemüse dürfen es ruhig fünf ganze Hände voll sein. Von Süßigkeiten allerdings nur eine Handvoll – und das auch nicht jeden Tag. Bei Süßschnäbeln kann das Handmaß sogar helfen, die Tagesration selbstständig zu begrenzen. Probieren Sie es also aus. Bald werden Sie schon ein gut geschultes Auge für die richtige Portionsgröße haben und Ihre Hände nur noch zum Kochen und anschließendem Essen benötigen.

So leicht lassen sich Portionsgrößen bestimmen: Eine Handvoll Tomaten *(links)* und die maximale Süßigkeitenration *(rechts)*.

AUF DEN GESCHMACK KOMMEN

Manche Kinder brauchen etwas Zeit, um sich an den Geschmack von neuen Obst- und Gemüsesorten zu gewöhnen. Bieten Sie alles Neue daher mindestens zehnmal in verschiedenen Varianten an!

Eins nach dem anderen

Kleine Kinder verfügen über deutlich mehr Geschmacksknospen als Erwachsene und nehmen deshalb die neuen Geschmacksrichtungen viel intensiver wahr. Führen Sie Ihren Nachwuchs ganz langsam an neue Geschmackseindrücke heran. Beginnen Sie mit einem neuen Gemüse und bieten Sie dieses Gemüse bis zu zehn Mal an – immer anders zubereitet, mal roh, mal gekocht. Auch wenn Ihr Kind den neuen Geschmack zuerst ablehnt, bleiben Sie dran, denn nach ein paar Versuchen werden die meisten neuen Lebensmittel freudig akzeptiert. Und auch hier gilt: lassen Sie sich und Ihrem Kind Zeit, üben Sie keinen Druck aus und warten Sie einfach ab – es wird funktionieren!

Nicht zwingen, aber auch nicht belohnen

Sätze wie »Du musst die Bohnen essen, damit du groß und stark wirst« oder »Wenn du das aufisst, bekommst du noch einen Schokokeks« sollten Sie aus Ihrem Repertoire streichen. Weder der leichte Druck, der auf Ihr Kind ausgeübt wird, damit es wie die anderen Kinder groß und stark wird, noch Belohnungen mit Süßem führen zu einem gesunden und normalen Umgang mit dem Essen. Und dabei wollen Sie doch genau dies, dass Ihr Kind ein normales Verhältnis zum Essen entwickelt und Essen nicht immer zum Thema gemacht wird!

Vorlieben entdecken

Jedes Kind hat bestimmte Vorlieben. Manches Kind liebt kräftig gewürzte Speisen, manches mag absolut keine rohen Tomaten (die gekochten aber schon) und ein drittes könnte stundenlang rohes Obst und Gemüse verputzen, aber niemals gekochtes. Probieren Sie also aus, was und wie es Ihr Kind am liebsten mag. Fragen Sie auch nach: »Wie hat es dir heute geschmeckt?«, »Was war gut daran, der Geschmack, die Konsistenz?«.
Fragen Sie vor allem dann, wenn es nicht geschmeckt hat – vielleicht klappt es beim nächsten Mal als Suppe oder Sauce oder überbacken aus dem Ofen. Das Experimentieren macht Spaß und Sie können Ihr Kind so in das Erlebnis Essen einbeziehen.

Mit allen Sinnen

Kinder nutzen ihre Sinne instinktiv, um möglichst alles Neue um sie herum zu erfahren. Das ist beim Essen nicht anders. Es macht einfach Spaß, die Nahrung und verschiedene Lebensmittel mit allen Sinnen zu erfahren. Diese Sinne werden das Essen für Ihr Kind zum Erlebnis machen:

> **Riechen:** Der Duft von frisch gebackenem Brot oder angebratenem Speck lässt das Wasser im Munde zusammenlaufen. Frische Kräuter riechen ganz anders und viel intensiver als getrocknete. An was erinnert der Duft von Zimt? Wie riecht Speiseöl? Gibt es da auch Unterschiede (Olivenöl, Walnussöl, Rapsöl)?

> **Fühlen:** Wie fühlt sich die Haut einer Tomate an, wie die einer Kiwi? Manche Gemüse sind glatt und weich, manche Frucht stachlig und rau. Geben Sie Ihrem Kind immer wieder etwas Neues zum Fühlen, das weckt die Lust reinzubeißen.

> **Hören:** Knäckebrot, Cornflakes, Möhren, Nüsse oder Reiscracker. Wetten, Ihr Kind hat schnell raus, um was es sich handelt, selbst mit verbundenen Augen. Manches Nahrungsmittel ist ganz weich und man hört beim Essen keinen Laut – umso lustiger, wenn's bei jedem Biss knuspert und knackt!

> **Schmecken:** Nach dem Riechen, Fühlen und Hören kommt das Schönste: das Schmecken. Wie schmeckt das duftende, frisch gebackene, noch warme Brot, das beim Reinbeißen so schön geknackt hat? Hmmm ... einfach unbeschreiblich gut. Ist die Sauce zu den Kartoffeln süß, sauer oder salzig? Oder schmeckt sie einfach nur nach frischen Zutaten und ganz mild?

Die Geschmackssinne Ihres Kindes können Sie schon früh schulen. Die Vielfalt an wunderbaren Lebensmitteln macht es Ihnen leicht, von allem etwas anzubieten. So lieben es manche Kinder, in saure Zitronen zu beißen und dabei lustige Grimassen zu schneiden. Oder sie lernen, dass eine Tomate oder Gurke mit einer klitzekleinen Prise Salz zu einem leckeren Brotbelag wird. Und es gibt sogar Kinder, die schärfer gewürzte Speisen gerne essen und gut vertragen. Ihrer Phantasie sind also keine Grenzen gesetzt, Ihren Nachwuchs immer wieder an neue und spannende Geschmacksrichtungen heranzuführen.

TIPP

Füllen Sie einen Beutel mit unterschiedlichen Lebensmitteln und lassen Sie Ihr Kind ertasten, was sich darin versteckt: Verschiedene Nüsse, Reiskörner, Nudeln, Linsen und Bohnen fühlen sich im Beutel spannend an.

Rituale rund um den Tisch

Ein fester Rhythmus ist gerade für Kleinkinder äußerst wichtig. Das geht schon beim Frühstück los. Rhythmen gestalten unseren Stoffwechsel und können auch über die Mahlzeiten den Tagesablauf bestimmen. Deshalb ist es wichtig, dass Sie die Mahlzeiten zu festen Zeiten einnehmen, Frühstück und Abendbrot wenn möglich im Kreise der Familie. Auch zum zweiten Frühstück und zum Nachmittagssnack sollten Sie sich mit Ihrem Kind Zeit nehmen und nichts auf die Hand anbieten.

Alltag und Wochenende

Unsere Essgewohnheiten können von Tag zu Tag variieren. Während der Woche bleibt meist keine Zeit für ein ausgedehntes Frühstück. Umso schöner, wenn am Wochenende mit allen Familienmitgliedern und Freunden ausgiebig in den Tag geschlemmt wird. Kinder genießen diesen ruhigen Tagesbeginn gemeinsam mit Mama und Papa. Das geht schon beim Brötchen und Sonntagszeitung holen los. Wenn Sie dann mit Ihrem Kleinen die Türe aufschließen, riecht es bereits an der Tür nach frisch gebrühtem Kaffee für die Erwachsenen, und frisch gepresster Orangensaft steht für die Kinder auf dem Frühstückstisch bereit. An diesen speziellen Sonntagsduft werden sich Ihre Kinder ihr ganzes Leben lang zurückerinnern.

Sonntags kommt oft die ganze Familie zusammen, um mit viel Zeit und Ruhe ein richtig schönes Sonntagsessen zu genießen. Der Tisch wird hübsch gedeckt und Blumen stehen in Vasen auf dem Tisch. So macht Essen Spaß! Lassen Sie Ihr Kind an diesem Ritual teilhaben und mitwirken. Ist es schon ein bisschen größer, kann es gerne beim Tisch decken helfen. Denn bei den Mahlzeiten erlernt Ihr Kind soziale Strukturen. Das geht schon bei den gemeinsamen Vorbereitungen los. Bei Tisch lernen Kinder dann zu teilen und Rücksicht auf andere zu nehmen. Und auch das Abräumen ist ein wichtiger Schritt zum selbstständigen Helfen.

Einkauf und Planung

Essen macht Spaß! Aber nicht nur das Essen an sich ist ein Erlebnis. Das ganze Drumherum ist es wert, sich täglich aufs Neue daran zu erfreuen. Zunächst wird gemeinsam ein Lieblingsrezept ausgewählt, weiter geht's mit dem Einkauf beim Gemüsehändler oder im Supermarkt und am Schluss freuen sich alle über ein schönes Essen auf dem Teller. Wenn Sie einmal den Spaß am Kochen entdeckt haben, stellen Sie sich sicherlich gerne täglich in die Küche, um Ihre Lieben mit einem gesunden und leckeren Essen zu verwöhnen.

So wie für Sie Essen ein Erlebnis ist, so können Sie auch Ihrem Kind schon im Kleinkindalter den Spaß am Erlebnis Essen ver-

SPEISEPLAN-GESTALTUNG

Setzen Sie sich am Sonntag Abend mit allen Familienmitgliedern an einen Tisch und gestalten Sie gemeinsam den Speiseplan für die nächste Woche. Natürlich darf sich jeder auch sein Lieblingsgericht wünschen.

46

REGELN MÜSSEN SEIN
Erlauben Sie Ihrem Kind
nicht, sich selbst aus den
Supermarktregalen zu be-
dienen. Einmal wöchentlich
eine kleine selbstgewählte
Schleckerei sollte genügen!

mitteln. Denn auch die Kleinsten können bei der Auswahl des Lieblingsessens helfen, beim Einkauf die bunte Vielfalt an frischem Obst und Gemüse bestaunen und einfachste Handgriffe bei der Zubereitung (siehe Seite 65) übernehmen. So lernen Kinder spielerisch und mit allen Sinnen, woraus das Lieblingsessen besteht, und wie die geliebten Speisen auf den Tisch kommen.

Gemeinsam einkaufen

Machen Sie den wöchentlichen Einkauf für Ihr Kind zum Erlebnis. So können Sie gemeinsam überlegen, was gekocht werden soll – Ihr Kind darf hier auch gerne Wünsche äußern – und was Sie dafür brauchen. Was soll zum Frühstück auf dem Tisch stehen, was mittags und was, wenn gemeinsam mit Papa zu Abend gegessen wird? Schreiben Sie diese Liste am besten zusammen mit Ihrem Kind – vielleicht sogar mit kleinen Symbolen, damit Ihr Kleines den Einkaufszettel selbst »lesen« kann. Das Schreiben der Einkaufsliste dauert so zwar länger, Sie zeigen Ihrem Nachwuchs damit aber, dass Sie ihn ernst nehmen, er etwas mitentscheiden kann und somit nicht einfach essen muss, was auf den Tisch kommt. Denn diese Forderungen sind veraltet. Von Gehorsam und übertriebener Disziplin rund um den Esstisch sollten Sie Abstand nehmen. Der gemeinsame Einkauf lehrt Ihr Kind schon in jungen Jahren, welche Lebensmittel angeboten werden, welche Lebensmittel Ihnen für Ihre Familie wichtig sind und wovon Sie lieber die Finger lassen.

Süße Verführung im Supermarkt

Wird der Gang zur Kasse für Sie zum Spießrutenlauf, weil Sie mit vollem Wagen an den Süßwarenregalen vorbeischieben und Ihr Kleines partout nicht von den bunten Verpackungen ablassen kann, so gewähren Sie Ihrem Kind einen Wunsch. Dies muss allerdings nicht zwingend Knabber- oder Süßzeug sein, es kann auch eine unbekannte Frucht (Mango oder Papaya), zwei Scheiben Lieblingswurst, ein Joghurt, ein Saft oder sogar ein neues Gewürz sein. Machen Sie ihm beim Einkauf die Vielfalt schmackhaft und lassen Sie Ihr Kind austesten, was es möchte. So entdeckt es neue Geschmacksrichtungen, und wer weiß, vielleicht ist ja ein neues Lieblingsessen dabei? Sollten Sie täglich mit Ihrem Kind zum Einkaufen gehen, darf es sich nur einmal in der Woche etwas wünschen.

Ein schöner Tisch

Mal ehrlich! Wer sitzt schon gerne an einem lieblos gedeckten Tisch, an dem einfach nur ein paar Töpfe und wild durcheinander gewürfelte Teller und Besteck liegen? Es macht doch vielmehr Spaß UND schmeckt vor allem besser, wenn der Tisch schön und ansprechend gedeckt ist. Hier können Sie Ihr Kind wieder frühzeitig mit einbeziehen. Zeigen Sie ihm, wo Gabel, Messer, Löffel und Dessertbesteck ihren Platz haben, wo das Trinkglas zu platzieren ist und wie man Servietten hübsch faltet.

Auch ein paar Blumen peppen jeden Mittagstisch auf. Kinder können hier ihre Phantasie entfalten und schon früh dekorieren üben. Ein ansprechender Tisch wird also für Ihr Kind ein Platz sein, an dem es gerne etwas länger sitzt und sich auch umso mehr über und auf das Essen freut. Nur eines ist wichtig: Achten Sie trotz Dekoration auf klare Strukturen, damit Ihr Kind den Überblick nicht verliert und nicht zu sehr vom Essen abgelenkt wird.

Sie sehen also, Essen ist viel mehr als nur Nahrungsaufnahme. Essen umfasst eine Vielzahl an Handlungen im Vorfeld, wie Einkauf, Zubereitung und Anrichten.

ALLE MIT EINBEZIEHEN

Machen Sie das tägliche Kochen zum Familienereignis. Jeder kann etwas dazu beitragen: Bei Planung, Einkauf und Zubereitung sind viele Hände gefordert.

TIPP: Schön gefaltet!

Lassen Sie Ihr Kind die Servietten falten. Kleine Kinder können schon Ecke auf Ecke legen und so ein buntes Dreieck zaubern, etwas größere können die Serviette einrollen und mit einem bunten Band und einem Namensschildchen ganz persönlich gestalten. Regen Sie die Phantasie Ihres Kindes an, indem Sie ihm Bastelutensilien wie bunte Bänder, Tonpapier, Kleber, Schere und Stifte zur Verfügung stellen. Auch im Garten gepflückte Blümchen kann Ihr Kind wunderbar an der gefalteten Serviette anbringen.

MIT KINDERN ESSEN

Erziehung findet im Alltag statt – und so ist es auch beim Essen. Nehmen Sie sich Zeit fürs gemeinsame Genießen, dann schmeckt es doppelt so gut.

Ein guter Start
für die Kleinsten

Nach Muttermilch und klein gestampftem Brei geht's nun richtig los: Ihr Kleinkind kann mit gut einem Jahr am Familienessen teilnehmen. Sicherlich hat Ihr Kind schon in den letzten Monaten mit großen Augen verfolgt, was Mama und Papa auf der Gabel haben. Die eine oder andere Kostprobe hat es dabei schon bekommen. Da die meisten Kinder um den ersten Geburtstag anfangen zu laufen, benötigen sie ab jetzt auch mehr als Milch und Brei, um diesen Entwicklungsschub mit zusätzlicher Energie auszugleichen.

Selbstständig essen lernen

Bis Ihr Kind allerdings richtig mit Löffel und Gabel essen kann, wird es noch eine Weile dauern. Bleiben Sie geduldig, wenn anfangs das meiste auf dem Boden landet. Denn auch beim Essen gilt: Es ist noch kein Meister vom Himmel gefallen.

Selbst essen steigert das Selbstbewusstsein

Die meisten Kinder sind von Anfang an begeistert, wenn sie am Familientisch mitessen dürfen. Sobald sie etwas greifen können, dürfen sie dies auch gerne tun. Nur so können sie die Beschaffenheit und Konsistenz der Speisen kennenlernen und fühlen, ob das Gericht warm oder kalt ist. So können belegte Brote, klein geschnittenes Obst oder Gemüse oder auch ein paar Nudeln mit den Fingern in den Mund geschoben werden. Und nebenbei wird die Hand-Mund-Koordination geschult.

Von der Schüssel auf den Teller

Auch das »Selbst-auf-den-Teller-nehmen« können Sie von Anfang an fördern. Mit einem größeren Löffel kann Ihr Kind versuchen – anfangs mit Ihrer Hilfe – sich etwas aus Schüssel oder Topf auf den Teller zu legen. Zeigen Sie Ihrem Kind diese Bewegung immer wieder, irgendwann wird nichts mehr auf dem Tisch, sondern nur noch auf dem Teller landen.

Essen mit dem Löffel

Bisher haben noch Sie Ihr Kind mit dem Löffel gefüttert. Anfangs hatte Ihr Kleines bestimmt oft die Hände mit im Mund und hat mehr orange-roten Brei auf Ihren Armen, dem Lätzchen und dem Tisch verteilt als Ihnen lieb war. Nach den ersten Anläufen ging es dann schon gut ohne große Kleckerei auf und unter dem Tisch. Das wird jetzt (leider) wieder anders. Sobald Ihr Kind den Umgang mit dem Löffel lernen darf, landet wieder ein Teil des Essens überall, nur nicht im offenen Mündchen. Doch auch dies wird schnell besser, denn Ihr Kind wird von Mal zu Mal routinierter und geht schon bald wie selbstverständlich mit dem Löffel um. Es kann sogar passieren, dass sich Ihr Kind ab sofort strikt

SELBST IST DAS KIND
Ab zehn Monaten wollen die meisten Kinder alles allein machen. Unterstützen Sie diesen Drang zur Selbstständigkeit auch beim Essen und bieten Sie Ihrem Kind geeignetes Geschirr und Besteck an. Eine Folie unter dem Hochstuhl erleichtert Ihnen hinterher das Putzen.

weigert, von Ihnen gefüttert zu werden, und auf dem selbstständigen Essen besteht. Respektieren Sie diesen Wunsch und freuen Sie sich über die Selbstständigkeit Ihres Kindes. Eine leicht abwischbare Unterlage unter dem Hochstuhl schont in dieser Phase Ihre Nerven und erleichtert Ihnen hinterher das Saubermachen.

Kindergeschirr

Sollte es Ihnen doch zu bunt am Esstisch zugehen und Sie merken, dass Ihr Kind mit dem normalen Essgeschirr nicht zurechtkommt, können Sie auf spezielles Kunststoff-Essgeschirr zurückgreifen. Griffe und Henkel erleichtern die Koordination und helfen beim Erlernen der Bewegungen. Und sollte das Geschirr aus Versehen auf dem Boden landen, geht es wenigstens nicht kaputt.

Trinken aus dem Becher

Fördern Sie frühzeitiges Trinken aus dem Becher oder Glas. Schon Kinder unter einem Jahr können mit Ihrer Hilfe aus dem Becher trinken. Achten Sie hier aber darauf, dass sich Ihr Kind nicht verschluckt, und lassen Sie es nur aufrecht trinken. Je öfter Sie Ihrem Kind Glas oder Tasse anbieten, desto schneller wird es lernen, Getränke ohne Kleckerei zu sich zu nehmen.

LANGSAM GEWÖHNEN
Gewöhnen Sie Ihr Kind ganz allmählich an feste Kost – dann spielen auch Magen und Verdauung mit. Auch eine ausreichende Flüssigkeitszufuhr ist wichtig.

Das kann Ihr Kind schon essen

Natürlich gibt es noch einige Lebensmittel, die Ihr Nachwuchs im Alter von einem Jahr noch nicht essen sollte. Und auch bei der Zubereitung sollten Sie einige Dinge beachten.

Stoffwechsel von Kleinkindern

Im Säuglingsalter ist die Wachstumsintensität am höchsten, die Muttermilch, aber auch die Milchersatznahrung ist darauf besonders abgestimmt. Mit Beginn des Beikostalters sowie der Einführung ins Familienessen sind Sie als Eltern gefordert, Ihrem Kind hochwertige Nahrungsmittel anzubieten.

Ab diesem Zeitpunkt wird dem Organismus und dem Stoffwechsel Ihres Kleinkindes eine Menge abverlangt, zumal beide längst nicht voll ausgereift sind. So sind zum Beispiel die Verdauungsenzyme des Magen-Darm-Traktes und das Immunsystem noch nicht vollständig entwickelt, und auch die Entgiftungsfunktion der Leber arbeitet noch nicht hundertprozentig. Gewöhnen Sie Ihr Kind daher nur langsam an festere Kost, um den Verdauungsapparat nicht zu überlasten.

Modifizierte Erwachsenenkost

Nach der Beikosteinführung ab dem sechsten Lebensmonat können Kleinkinder zwischen zehn und zwölf Monaten in etwas abgewandelter Form an der normalen Erwachsenenkost teilnehmen. Verzichten Sie auf schwer verdauliche, fettreiche Speisen, die den noch nicht vollständig entwickelten Verdauungsapparat nur unnötig belasten.

Kleine Gemüseliebhaber

Damit Sie sich keinen Gemüsemuffel heranziehen, gewöhnen Sie Ihr Kind frühzeitig an frisches Gemüse. Bevorzugen Sie Gemüse aus ökologischem Anbau, da dieses sowohl nitrat-, als auch oxalsäurearm ist. Insbesondere Oxalsäure behindert die Aufnahme von Eisen und Kalzium im Körper und sollte in der Kinderernährung möglichst vermieden werden.

Gut verträgliche und leicht verdauliche Gemüsesorten sind für Kleinkinder am besten geeignet: Ideal sind Blumenkohl, Brokkoli, Kürbis, Möhren, Schwarzwurzel, Pastinake, Fenchel und Kohlrabi. Bereiten Sie die Gemüse schonend zu, um möglichst viele Nährstoffe zu erhalten. Vitamine und Mineralstoffe gehen durch Dämpfen oder kurzes Garen kaum verloren. Sie können Ihrem Kind auch Gemüse in Rohform anbieten. Hier dürfen es aber nur weichere Gemüsesorten wie Gurke oder Paprika sein, von Möhren können Kleinkinder noch nicht abbeißen und sich außerdem daran verschlucken.

ALLES BIO?

Lebensmittel aus biologischem Anbau haben in der Regel eine geringere Schadstoffbelastung als konventionell angebaute und hergestellte Lebensmittel. Da in der Kinderernährung auf eine möglichst geringe Schadstoffbelastung geachtet werden sollte, macht der Einkauf von Bioprodukten bei einigen Lebensmittelgruppen Sinn. Tierische Lebensmittel wie Fleisch, Wurst, Milch und Eier sollten von Bioqualität sein. Bevorzugen Sie auch bei Obst und Gemüse saisonale und regionale Produkte, die keine langen Transportwege hinter sich haben. Auch hier gilt: je frischer desto besser und vor allem aromatischer.

Obst ohne Schale

Wenn die ersten Zähnchen da sind, kann Ihr Kind schon kleine Stückchen von Apfel, Birne und Co. abbeißen. Achten Sie aber darauf, anfangs das Obst ohne Schale anzubieten. Ihr Kind kann Schwierigkeiten beim Beißen und Kauen haben, wenn noch nicht alle Milchzähne vorhanden sind und die Schale zu dick ist.

Getreide

Diese Getreidesorten verträgt der noch nicht vollständig entwickelte Verdauungsapparat Ihres Kleinkindes schon gut: Hafer, Dinkel, Gerste, Reis und Hirse. Verpacken Sie diese am besten in gesunden Frühstücksbrei (Hafer), vollwertiges Brot (Dinkel und Gerste), lockeren Reis (bunte Reispfanne) und knusprige Hirse (Bratlinge).

Gewürze

Scharfe Gewürze sowie übermäßig Salz und Zucker sollten bis zum dritten Lebensjahr nicht zum Einsatz kommen. Verwenden Sie zum Würzen lieber frische Kräuter. Diese Kräuter mögen kleine Kinder meist gern:

> Basilikum
> Schnittlauch
> glatte Petersilie
> Salbei

Sie schmecken nicht nur gut, sondern liefern zusätzlich Vitamine, Mineralstoffe und sekundäre Pflanzenstoffe.

AUSZEIT FÜR DIE NUCKELFLASCHE

Die »Nuckelflasche« sollte mit spätestens einem Jahr verschwinden, da das Nuckeln aus der Flasche den gerade gewachsenen Zähnen schadet. In Verbindung mit zuckerhaltigen Getränken ist sie überdies der Kariesauslöser Nummer 1.

Was gibt's zum Trinken?

Der menschliche Körper besteht zu zwei Dritteln aus Wasser. Diesen Wasserhaushalt durch eine ausreichende Flüssigkeitszufuhr konstant zu halten, ist sehr wichtig. Gerade Kinder vergessen oft, ausreichend zu trinken. Ihr Durstgefühl ist so wenig ausgeprägt, dass sie gar nicht bemerken, wenn sie durstig sind. Und das, obwohl sie den ganzen Tag in Bewegung sind, herumtoben und spielen.

Hier sind Sie als Eltern gefragt! Bieten Sie Ihrem Kind regelmäßig über den Tag verteilt Getränke an. Auch zu jeder Mahlzeit sollte

Ihr Kind mindestens ein Glas Wasser trinken. Unterwegs und auf dem Spielplatz tut eine gut gefüllte Trinkflasche mit Saftschorle, Wasser oder ungesüßtem Kräutertee gute Dienste.

Die richtige Trinkmenge

Kinder ab einem Jahr sollten in etwa 800 Milliliter bis 1 Liter täglich trinken. Machen Sie die Trinkmenge abhängig von Temperatur und Aktivität. An heißen Tagen benötigt Ihr Kind dementsprechend mehr, auch bei körperlicher Aktivität sollten es ein paar Gläser mehr sein. Ganz wichtig: auch bei Fieber, Durchfall oder Erbrechen muss Ihr Kind sehr viel mehr trinken, um den Flüssigkeitshaushalt auszugleichen.

Die besten Durstlöscher

Gewöhnen Sie Ihr Kind von Anfang an an ungesüßte Getränke, um seinen Durst zu stillen. Zuckerhaltige Limonaden sollten für Ihr Kind tabu sein, da diese überflüssige Kalorien liefern und zudem Karies verursachen können. Die besten Durstlöscher sind Wasser, Früchte- und Kräutertees, die warm oder kalt allen Kindern schmecken. Auch Fruchtsaftschorlen im Verhältnis 1 3 sind geeignete Durstlöscher für Ihr Kleinkind. Erlauben Sie Ihrem Kind aber auch dann das Nuckeln an der Flasche nicht, wenn es sich um ungesüßte Getränke handelt. Selbst in diesem Fall können Kariesbakterien die Milchzähne schädigen.

KRANKE KINDER

Ist Ihr Kind krank, kann es schnell zur Dehydrierung kommen. Achten Sie besonders bei Fieber, Durchfall und Erbrechen darauf, dass Ihr Kind schlückchenweise ausreichend Flüssigkeit zu sich nimmt.

LEITUNGSWASSER – GESUNDER DURSTLÖSCHER

Deutsches Trinkwasser aus der Leitung ist ein idealer Durstlöscher. Es gibt allerdings regionale Unterschiede in der Qualität. Sie können beim zuständigen Wasserwerk die wichtigen Messwerte für Nitrat erfragen. Da Nitrat in Nitrit umgewandelt wird, darf der Nitratwert maximal 50 ml pro Liter betragen. Nitrit behindert den Sauerstofftransport im Blut und kann bei zu hohen Werten zu Blausucht bei Babys führen. Liegt der Wert darunter, können Sie den Wasserhahn getrost aufdrehen.

Essen mit Kindern von 2–6

Ihr Kleinkind wächst und gedeiht und entwickelt sich langsam zu einem eigenständigen Persönchen, das seine Bedürfnisse mit jedem neuen Tag besser formulieren kann. Tagtäglich lernt es etwas Neues dazu und entdeckt die Welt mit neugierigem Interesse und großen Augen. Eine gesunde Kost trägt in hohem Maße dazu bei, dass sich Ihr Kind so gut entwickelt. Bleiben Sie also am Ball und arbeiten Sie mit Ihrem Kind weiter an einer Ernährung, die für die ganze Familie passt.

Die Lebensmittelauswahl wird breiter

Wie so ziemlich alles immer aufregender, schöner und einfacher mit Ihrem Nachwuchs wird, wird auch das Essen und vor allem das Kochen immer leichter und weniger zeitaufwendig.

Waren in den letzten Monaten noch ein paar Einschränkungen zu beachten, können Sie Ihrem Kind nun getrost dasselbe anbieten, was auch bei Ihnen auf den Teller kommt.

Veränderung des Verdauungsapparates

Der Verdauungsapparat mit all den dazugehörigen Organen ist zwar noch längst nicht voll entwickelt, denn dieser Prozess ist erst mit dem Schulkindalter abgeschlossen. Kinder vertragen aber mit jedem Jahr komplexere Nahrungsmittel. Sie dürfen daher ab jetzt die gewohnten milden Gemüsesorten gegen ballaststoffreichere, komplexere Lebensmittel tauschen.

Obst und Gemüse

Standen bisher sehr milde Gemüsesorten wie Möhren, Kürbis, Kohlrabi, Blumenkohl oder Zucchini auf dem Speiseplan, dürfen Sie die Auswahl nun um folgende Gemüsesorten ergänzen: Sau-

KEINE EXTRAWÜRSTE!

Fangen Sie erst gar nicht damit an, Ihrem Kinder ein Extra-Essen zuzubereiten. Sobald es dem Breialter entwachsen ist, darf es alles essen, was auch für Sie selbst infrage kommt.

TRAINING FÜR DEN DARM

Sie können sich den Verdauungsapparat wie einen Muskel vorstellen, der trainiert werden muss, um immer stärker und ausgeprägter zu werden. Den Muskel darf man auch nicht sofort mit extremer Bewegung fordern, die Belastung sollte von Mal zu Mal gesteigert werden, damit die Kraft sich langsam aufbauen kann. Mit dem Verdauungsapparat von Kindern ist es ähnlich. Er muss langsam trainiert werden und wird nicht von jetzt auf gleich scharf gewürzte Speisen oder ballaststoffreiche Kost vertragen. Es kann durchaus sein, dass Ihr Kind mit Blähungen oder Darmproblemen zu kämpfen hat, wenn Sie ein neues Gericht ausprobieren. Sie müssen deshalb aber keineswegs die Lebensmittelauswahl auf Dauer einschränken.

ZU VIELE BALLASTSTOFFE
Kinder können beim Verzehr von zu vielen Ballaststoffen schnell Blähungen bekommen. Diese sind zwar nicht direkt ungesund, aber recht unangenehm.

erkraut, Rotkraut, Grünkohl, Zwiebeln und Hülsenfrüchte wie Erbsen, Bohnen und Linsen. Denken Sie daran, dass Sie die Mengen ganz langsam steigern und zu Beginn diese möglicherweise blähenden Gemüsesorten nur in Maßen anbieten.

Getreideprodukte

Dasselbe gilt für kohlenhydratreiche Kost wie Getreideprodukte. Haben Sie bisher vorwiegend Auszugsmehle mit niedriger Typenbezeichnung (Type 405, Type 550) verwendet, so können Sie langsam auf reine Vollkornprodukte umstellen. Reagiert Ihr Kind mit Blähungen, probieren Sie verschiedene Mehltypen aus. Eine breite Auswahl an Getreidesorten kommt Ihrem Kind auch insofern zugute, als es den Geschmack unterschiedlicher Arten kennenlernt. Und dies führt wiederum dazu, dass es eine vielfältige Nahrungsmittelpalette gern und mit Genuss isst.

Gewürze

Bei den Gewürzen ist nach wie vor Vorsicht geboten. Ein übermäßiger Salzkonsum ist für Kinder nicht ratsam. Auch der Schärfegrad sollte dem Alter Ihres Kindes entsprechend angepasst werden. Die Geschmacksknospen Ihres Kindes sind noch nicht an stark gewürzte Speisen gewöhnt und noch sehr empfindlich. Auch hier gilt: gewöhnen Sie Ihren Nachwuchs langsam an die

GU-ERFOLGSTIPP   AUF AUSGEWOGENHEIT ACHTEN

Für ein gesundes Wachstum benötigt Ihr Kind die verschiedenen Nahrungsmittelgruppen in einem ausgewogenen Verhältnis. Hiervon darf täglich mehrmals etwas auf dem Speiseplan stehen: frisches Obst und Gemüse, Getreideprodukte, Milch und Milchprodukte. Fleisch, Wurstwaren, Eier, Zucker und Salz bitte nur in Maßen. Fisch darf einmal in der Woche auf dem Tisch stehen. Und nicht vergessen: zu jeder Mahlzeit ein Glas Wasser, Tee oder verdünnte Saftschorle anbieten! Bei großer körperlicher Aktivität oder hohen Außentemperaturen steigt der Flüssigkeitsbedarf an!

verschiedenen Gewürze und fangen Sie mit milden Gewürzen und vor allem vielen frischen Kräutern an, die Sie zum Beispiel auf dem Fensterbrett auch selbst ziehen können.

Getränke

Sobald Ihr Kind aktiver wird und in der Kinderkrippe oder im Kindergarten rumtobt, rennt und spielt, steigt nicht nur sein Energiebedarf. Auch sein Flüssigkeitsbedarf ist stark von seiner körperlichen Aktivität abhängig. Besonders an heißen Tagen kann sich der Flüssigkeitsbedarf eines Kindes verdoppeln. Ein Mangel an Flüssigkeit führt dazu, dass die Leistungsfähigkeit erheblich nachlässt. Die Kinder fühlen sich schlapp, träge und müde.

Zur Ernährungserziehung Ihres Kindes gehört deshalb auch das richtige Trinkverhalten – von Anfang an. Animieren Sie Ihr Kind, pro Stunde mindestens ein Glas zu trinken. Auch zu jeder Mahlzeit gehört mindestens ein Getränk. Hier sind Sie als Eltern ein gefragtes Vorbild. Stoßen Sie mit Ihrem Kind vorsichtig an – schon kleine Kinder lieben es, sich zuzuprosten und haben sichtbar Spaß daran.

JETZT IST TRINKEN ANGESAGT
Herrschen draußen hohe Temperaturen und ist Ihr Kind zusätzlich körperlich aktiv, sollten Sie auf eine ausreichende Flüssigkeitszufuhr achten.

Das Richtige trinken

Empfehlenswert sind Trinkwasser, Mineralwasser, Fruchtsaftschorlen sowie ungesüßte Früchte- oder Kräutertees. Kinder zwischen zwei und fünf Jahren sollten täglich einen knappen Liter trinken. Verzichten Sie Ihrem Kind zuliebe auf Erfrischungsgetränke. Limonaden, Cola, Fruchtsäfte und Fruchtnektar sind aufgrund ihres hohen Zuckergehaltes keine geeigneten Durstlöscher. Bei der Gesamtenergiezufuhr spielen schließlich auch Getränke eine Rolle. So enthält ein Glas (200 ml) Limonade 21 g Gesamtzucker, das entspricht 7 Stück Würfelzucker. Dieses Zuviel an Zucker kann zu Übergewicht, Diabetes mellitus Typ 2 und Zahnproblemen wie Karies führen.

Frieren Sie für besondere Gelegenheiten lieber frische Früchte wie Trauben, Melonenschnitze oder Aprikosen ein. An heißen Tagen kann Ihr Kind diese geeisten Früchte lutschen und bekommt zusätzlich zu etwas Flüssigkeit noch eine Extraportion

GEHT AUCH ZU VIEL?
Kinder können eigentlich nicht zu viel trinken. Nimmt ein Kind jedoch mehr Flüssigkeit auf, als es durch Schwitzen und Atmung abgibt, reguliert die Niere die vermehrte Ausscheidung.

Vitamine. Auch lecker: Pürieren Sie frisches Obst der Saison mit etwas Wasser und frieren Sie die Masse in kleinen Eisbehältern ein. So erhält Ihr Trinkmuffel Durstlöscher und gesunden Snack im Doppelpack.

Trinkmuffel

Vor lauter Toben und Spielen vergessen viele Kinder, dass sie durstig sind. Bei den meisten Kindern ist das Durstempfinden nicht sehr stark ausgeprägt und sie fragen selten selbstständig nach einem Glas Wasser. Bis ein Trinkmuffel selbst ans Trinken denkt, müssen Sie als Eltern auf eine ausreichende Flüssigkeitszufuhr achten und immer ein Getränk griffbereit haben.

Bieten Sie Ihrem Kind auch wasserhaltige Lebensmittel an: dies sind vor allem Obst und Gemüse, Suppen und flüssige Saucen. An heißen Sommertagen werden Sie auch mit eingefrorenen Früchten gut ankommen, die Sie Ihrem Kind zum Lutschen geben. Sehr gut schmecken zum Beispiel gefrorene Erdbeeren. Diese ersetzen natürlich keine Getränke, halten aber den Wasserhaushalt etwas stabiler.

GESUNDE KINDER-LIEBLINGSGETRÄNKE
Wenn's draußen heiß ist
Rote Limonade: 250 ml Hibiskus- oder Malventee kochen und abkühlen. Mit 250 ml ungesüßtem Apfelsaft und 250 ml Mineralwasser mischen.
Eistee mit bunten Eiswürfeln: Fruchtsaft (z. B. Kirschsaft, Apfelsaft oder Orangensaft) zu Eiswürfeln gefrieren. 500 ml Früchtetee kochen und abkühlen lassen. Mit Zitronensaft und 1 EL Honig abschmecken. Gut gekühlt mit den bunten Fruchtsaft-Eiswürfeln servieren.
Wenn's draußen kalt ist
Biene Maja Tee: 250 ml Apfeltee kochen. Mit 150 ml heißem Orangensaft mischen und mit 1 TL Vanillezucker abschmecken.
Honigmilch mit Zimt: 400 ml Milch erwärmen und mit 1 EL Honig und 2 Prisen Zimt mischen.

Manieren und Co.

In vielen Haushalten sind Küche und Esstisch der zentrale Treffpunkt für die ganze Familie. Versuchen Sie, Ihre Leben wenigstens einmal am Tag am Tisch zu versammeln, um eine gemeinsame Mahlzeit einzunehmen. Der rege Austausch und die Zeit, die Sie sich hierfür nehmen, fördern ein harmonisches Miteinander in der Familie.

Tischmanieren

»Was Hänschen nicht lernt, lernt Hans nimmermehr!« In diesem alten Sprichwort steckt eine Menge Wahres. Denn was Ihr Kind in den ersten fünf bis zehn Jahren lernt, bestimmt später sein gesamtes Essverhalten. Das gilt auch für den Umgang mit Messer, Gabel und Serviette. Gute Tischmanieren sind überall einsetzbar und hilfreich für das spätere Leben in allen Bereichen.

Einfache Regeln

Ein paar Regeln rund um das Essen am Tisch sollten Sie Ihrem Sprössling mit auf den Weg geben, damit er sich von Anfang an daran gewöhnt. Leben Sie Ihrem Kind vor, wie Sie sich den Umgang mit Essen und Besteck und das Benehmen bei Tisch wünschen – Sie sind sein größtes Vorbild und nur durch Vorleben kann es von Ihnen lernen.

Mit diesen einfachen Regeln klappt das harmonische Miteinander am Familientisch:

> Lassen Sie vor dem Essen etwas Ruhe einkehren. Spielen und Toben haben erst mal Pause.

> Tisch decken ist nicht nur Mama-Sache. Alle können mithelfen. Dies gilt auch für Geschirr abräumen und abwaschen.

> Beginnen Sie erst mit dem Essen, wenn jedes Familienmitglied am Tisch sitzt.

> Für Ihr Kind stellt es eine wichtige Konstante dar, wenn Mama, Papa, Geschwister und es selbst seinen eigenen festen Platz am Tisch haben.

> Nehmen Sie sich Zeit für Gespräche und legen Sie Telefon und Zeitung für die Zeit des gemeinsamen Essens beiseite.

NÜTZLICH FÜR DAS GANZE LEBEN

Wer die grundlegenden Formen der Höflichkeit beherrscht, profitiert davon sein ganzes Leben. Bringen Sie Ihrem Kind ganz nebenbei daher die wichtigsten Tischregeln bei.

> Schaffen Sie eine ruhige, angenehme Atmosphäre. Fernseher und Radio im Hintergrund lenken zu sehr vom Essen ab. Müssen Sie wichtige Dinge klären, verschieben Sie das Gespräch auf die Zeit nach dem Essen, um die Atmosphäre nicht durch unangenehme Themen zu stören.

> Beenden Sie das Essen gemeinsam. Es sollten alle Familienmitglieder so lange sitzen bleiben, bis alle aufgegessen haben. Lassen Sie Ihr Kind nur dann frühzeitig aufstehen, wenn Sie selbst gerne noch länger (bei einem Glas Wein) sitzen bleiben möchten, um sich zu unterhalten. Ihr Kind sollte sich dann aber alleine beschäftigen. Lassen Sie Ihr Kind erst dann aufstehen, wenn es wirklich satt ist.

Diese Dinge sind tabu:
> Essen vor dem Fernseher
> Schmatzen, schlürfen, popeln etc.
> Mit dem Stuhl kippeln
> Mit dem Essen spielen
> Mit vollem Mund sprechen und trinken
> Nur auf die Toilette gehen, wenn es wirklich nötig ist. Besser: vor dem Essen auf die Toilette gehen und anschließend die Hände waschen.
> Kochen Sie keine Extrawürste für Ihr Kind. Wenn Ihr Kind etwas nicht essen mag, brauchen Sie nicht darauf zu bestehen. Eine andere Komponente des Essens schmeckt ihm bestimmt, die darf Ihr Kind dann gerne essen.

Hier sind Sie gefragt:
> Zwingen Sie Ihr Kind nicht zum Essen, das bewirkt eher das Gegenteil: Ihr Nachwuchs wird keine Freude mehr am Essen haben und den Teller unangetastet stehen lassen. Lassen Sie es daher lieber gewähren. Bieten Sie ihm die ungeliebte Gemüsesorte beim nächsten Mal in einer anderen schmackhaften Variante an, erzählen Sie Ihrem Kind, wie das Gemüse angebaut wird und was man alles damit kochen kann – so wird das tägliche Essen für Ihr Kind um einiges interessanter.

> Geben Sie Ihrem Kind nur kleine Portionen, die es nicht über-
fordern. Die Portionsgrößen sollten in etwa der Größe einer
Kinderhand entsprechen. Wenn es alt genug ist, darf sich Ihr
Kind auch selbst das Essen auf den Teller nehmen.

> Ermuntern Sie Ihren Nachwuchs, auch mal etwas Neues zu
probieren. Wenn Sie überall zugreifen und zeigen, wie gut es
Ihnen schmeckt, wird Ihr Sprössling neugierig werden und
ebenfalls probieren wollen.

> Üben Sie keinen Zeitdruck aus und geben Sie Ihrem Kind fürs
Essen die Zeit, die es benötigt. Wenn Sie merken, dass es trö-
delt und spielt, anstatt wirklich etwas zu essen, sagen Sie ihm,
dass Sie den Tisch jetzt abräumen werden und auch nicht länger gemeinsam sitzen bleiben.

> Hat Ihr Kind noch Schwierigkeiten mit dem selbst essen und
geht ab und zu etwas daneben, bleiben Sie ruhig und zeigen Sie
ihm, wie es besser geht. Wenn nichts daneben geht: loben nicht
vergessen!

> Stellen Sie immer etwas zu trinken auf den Tisch und achten
Sie darauf, dass Ihr Kind mindestens ein Glas Wasser zum
Essen trinkt.

Essen mit Messer und Gabel

Auch wenn Ihr Kind noch mit dem selbstständigen Löffeln von seinem Teller gut zurechtkommt, können Sie ihm schon jetzt eine kleine Kindergabel und ein Kindermesser neben den Teller legen. Neu-
gierige Kinder möchten am liebsten sofort loslegen und wie Mama
und Papa mit Besteck essen. Zeigen Sie Ihrem Kind geduldig, wie
man Gabel und Messer in der Hand hält, wie man schneidet und
wie man, wenn man fertig ist, das Besteck auf den Teller legt. Das
meiste wird sich Ihr Kind sowieso bei Ihnen abschauen. Gehen
Sie daher in Sachen Tischmanieren mit bestem Beispiel voran.
Viele Kinder haben viel Spaß daran, den Tisch zu decken. Zeigen
Sie Ihrem Kind von Anfang an, wie man den Tisch richtig ein-
deckt. Auch wo Glas und Dessertbesteck hinkommen, kann es
jetzt schon lernen. Vielleicht gibt es bald einen netten Anlass und
Sie sind froh über ein bisschen Hilfe bei den Vorbereitungen.

GEFAHRLOSER SPASS
Das Experimentieren mit
Messer und Gabel macht
mit hübschem Kinderbe-
steck gleich noch einmal so
viel Spaß – und ist ganz un-
gefährlich.

Kinder an den Herd!

Schneiden, Rühren, Kneten – welches Kind liebt es nicht, mit bunten Schüsseln, klappernden Quirlen und langen Kochlöffeln zu hantieren? Kinder haben diese unbändige Lust, Neues zu entdecken und auszuprobieren. Das gilt auch fürs Kochen. Schon die ganz Kleinen möchten, kaum können sie stehen, neben Mama am Herd hantieren. Anfangs können Sie Ihr Kleinkind ganz spielerisch ans Mitmachen gewöhnen. Geben Sie ihm statt einer Rassel einen Schneebesen zum Spielen, und lassen Sie es mit einem langen Holzkochlöffel auf Schüsseln oder Töpfe klopfen.

Sobald Ihr Kind sicher stehen kann und geschickt im Umgang mit dem Löffel ist, darf es richtig mithelfen. Zeigen Sie ihm ganz genau, wie man auf einem Brettchen schneidet. Ein kleines Kindermesser kann schon weiche Lebensmittel wie Gurke, Paprika, Käse oder Schinken klein schneiden. Natürlich sieht die von Kinderhand geschnittene Gurke nicht ganz so akkurat aus wie bei Ihnen, aber schmecken tut sie im Salat mindestens genauso gut. Ihr Kind lernt dabei nicht nur, wie man Gemüse schneidet, sondern nebenbei noch etwas viel Wichtigeres: Es lernt, dass Familienleben Teamwork ist und umso besser gelingt, wenn alle zusammenhelfen und Verantwortung übernehmen. Das heißt eben auch, dass nicht nur Mama für das Essen zuständig ist, sondern dass auch alle anderen mithelfen können und sollen.

KOCHEN IST FAMILIENZEIT

Regen Sie Ihr Kind zum Mitkochen an – Sie bekommen Hilfe und Ihr Kind schult nebenbei Konzentration, Koordination und Feinmotorik.

SO PASSIERT BEIM SCHNEIDEN NICHTS:

> Geben Sie Ihrem Kind ein Messer mit stumpfer Schneide. Es kann auch ein normales Buttermesser sein, damit lassen sich weiche Lebensmittel gut schneiden.
> Das Messer mit der Schneide immer nach unten und am mittleren Teil vom Griff halten.
> Mindestens zwei Fingerbreit Abstand zum Lebensmittel halten.
> Tomaten, Gurken, Äpfel erst einmal durchschneiden, dann mit der flachen Seite auflegen, damit es beim Schneiden nicht »kippelt« und das Messer abrutscht.

Haben Sie Vertrauen!

Am wichtigsten ist es für Ihr Kind, dass Sie ihm etwas zutrauen. Beim Kochen kann ihm eigentlich nichts Schlimmes passieren. Ein kleiner Schnitt in den Finger ist schnell mit einem bunten Pflaster versorgt, und an den heißen Herd oder Backofen darf Ihr Kind in jungen Jahren sowieso nicht ran. Auch scharfe Messer und elektrische Geräte sind nur unter Ihrer Aufsicht erlaubt. Mit kleinen, relativ stumpfen Messern, Kochlöffeln, Schneebesen und Teigschabern kann Ihrem Kind wirklich nichts passieren. Deshalb lassen Sie den kleinen Nachwuchskoch ruhig schneiden, rühren, kneten was das Zeug hält und zeigen Sie ihm geduldig, wie er sich vor Verletzungen schützt.

So kann Ihr Kind in der Küche helfen

Die folgende Auflistung zeigt Ihnen, ab welchem Alter Ihr Kind in der Küche helfen kann und was ihm dann schon leicht fällt.

> **1 Jahr:** Selbst die ganz Kleinen halten sich gerne mit Ihren Eltern in der Küche auf. Schneebesen, Kochlöffel und Schüsseln eignen sich prima zum Spielen.

> **2 Jahre:** Ihr Kind versteht schon das meiste und kann Ihnen ungefährliche Gegenstände reichen. Ganz geschickte Kleinkinder können schon etwas in einer Schüssel verrühren, Teig kneten und sogar Plätzchen ausstechen.

> **3 Jahre:** Mit drei Jahren können die Nachwuchsköche in Töpfen rühren (Vorsicht heiß!), beim Kuchen backen helfen und weiche Lebensmittel wie Gurke oder Käse mit einem stumpfen Messer klein schneiden. Dinge zu reichen und wieder zu verräumen fällt ihnen leicht. Gemeinsam mit Mama und dem Mixer Teig rühren, macht große Freude.

> **4 Jahre:** Jetzt geht's los mit dem Brot schmieren. Die Kinder brauchen wie beim Essen erst mal etwas Übung. Am Anfang sieht das Brot vielleicht noch nicht ganz so perfekt aus, aber auch das ist ein Lernprozess, der früh begonnen werden sollte, damit Ihr Kind schon bald sein Brot völlig alleine zubereiten kann. Obst und Gemüse waschen, vorbereitete kleine Stücke klein schneiden und Teig kneten klappt schon bestens.

TIPP: Kochparty mit Freunden

Ihr Kind darf sich zwei Freunde einladen und gemeinsam mit Ihrer Anleitung und Hilfe das Lieblingsgericht kochen. Und das haben SIE davon: drei strahlende Augenpaare, drei grinsende Münder und drei kugelrunde Bäuche.

KOCHEN IM TV

Ältere Kinder sehen sich gerne Kochsendungen im Fernsehen an. Erlauben Sie das ruhig ab und zu , denn so wecken Sie das Interesse und die Koch-Phantasie Ihres Kindes. Und besser als so manche Zeichentrick-Serie ist eine harmlose Kochsendung allemal.

> **5 Jahre:** Jetzt bekommen Sie Hilfe: Geschirrspüler ein- und ausräumen und Geschirr abwaschen und -trocknen, das können die kleinen Helfer ab jetzt. Passen Sie aber auf, dass Ihr Kind nicht mit scharfen Messern und leicht zerbrechlichen Gläsern in Berührung kommt. Die räumen nach wie vor besser Sie selbst auf. Gemüse und Obst schneidet Ihr Vorschulkind nun schon mit links.

> **6 Jahre:** Nun können Kinder alleine Frühstück machen, mit Ausnahme von Heißgetränken. Kleine Einkäufe im Laden um die Ecke bedeuten viel Verantwortung und machen Ihr Kind stolz. Den Einkaufszettel können Sie gemeinsam mit Ihrem Kind malen.

> **7 Jahre:** Die Kinder lernen Lesen, Schreiben, Rechnen. Sie können nun schon Kinderrezepte lesen und verstehen. Einkaufszettel werden selbst geschrieben, kleine Einkäufe erledigt und natürlich können Kinder nun schon selbstständig ein leichtes Rezept kochen. Rührei, Pfannkuchen, Nudelsaucen und Gemüsepfannen schmecken selbst gekocht gleich doppelt so gut. Wichtig: An Herd und Ofen helfen selbstverständlich Mama oder Papa! Auch beim Tisch decken und dekorieren helfen Kinder gerne mit. Wie wäre es zum Beispiel mal mit einer selbst geschriebenen Speisekarte?

> **8 Jahre:** Geben Sie Ihrem Kind anspruchsvollere Tätigkeiten. Mit Messer und anderem Kochwerkzeug geht Ihr Kind nun schon geschickt um. Die meisten kleinen Nachwuchsköche möchten in diesem Alter ganz alleine loslegen und benötigen Ihre Hilfe nur noch selten. Lassen Sie Ihrem Kind die Zeit, die es benötigt und schmunzeln Sie höchstens über die Form der kleingeschnittenen Lebensmittel. Ungeduld und Perfektionismus sind fehl am Platz, ermuntern und loben Sie Ihr Kind, um ihm den Spaß am Kochen nicht zu verderben. Zeigen Sie ihm auch, wie man die Küche hinterher wieder in Ordnung bringt.

> **9 Jahre und älter:** Ausprobieren ist die Devise, denn selbst gemacht schmeckt es eh am Besten. Fördern Sie das natürliche Interesse Ihres Kindes am Kochen und Backen – denn Kochen macht ganz einfach Spaß!

Übergang zum Schulkind

Gerade eben noch hatte Ihr Kleines seinen ersten Tag im Kindergarten und schon naht mit großen Schritten der Tag der Einschulung. Haben Sie Ihr Kind bisher mit den wichtigsten Mahlzeiten und Nährstoffen für einen aktiven und spielereichen Tag im Kindergarten versorgt, steigt der tägliche Nährstoffbedarf nun etwas an, um ausreichend Energie für lange Schultage und Köpfchenarbeit bereitzustellen.

Energie- und Nährstoffbedarf von Schulkindern

Im Vergleich zu Kindergartenkindern benötigen Schulkinder mehr Energie und Nährstoffe, um die Anforderungen der Schule erfolgreich bewältigen zu können. Schulkinder befinden sich in der Wachstumsphase, in der eine vollwertige Ernährung für die geistige und körperliche Entwicklung besonders wichtig ist. Eltern müssen vor allem auf eine ausreichende Versorgung mit Eiweiß, Mineralstoffen und Vitaminen achten. Um den ganzen Tag hindurch mit wichtigen Nährstoffen versorgt zu werden, sollten fünf regelmäßige Mahlzeiten eingenommen werden.

So verteilen sich die Mahlzeiten über den Tag: Frühstück, Pausenbrot, Mittagessen, Nachmittagssnack und Abendbrot. Stellen Sie zu jeder Mahlzeit eine Karaffe mit Wasser oder Tee auf den Tisch und achten Sie darauf, dass mindestens ein Glas getrunken wird.

Und das sollte drin stecken:

> Pflanzliche Lebensmittel sorgen für reichlich Vitamine, liefern Energie und machen satt.

> Milchprodukte versorgen den Körper mit Kalzium, Folsäure und Vitamin D.

> Für die Eisen- und Jodversorgung sind Fleisch, Geflügel, Fisch und Eier die besten Lieferanten.

> Fettreiche und süße Lebensmittel sind in kleinen Mengen erlaubt. Ein Zuviel belastet den Körper unnötig und führt zu Übergewicht.

> Nüsse stecken voller gesunder Fettsäuren, wertvoller Spurenelemente und hochwertigem Eiweiß.

GESUNDES FRÜHSTÜCK

Das Frühstück und das Pausenbrot sind die wichtigsten Mahlzeiten am Tag. Denn: Ein leerer Magen lernt nicht gern.

Empfohlene Lebensmittel (ca. 80 Prozent der Energiezufuhr)	7–9 Jahre	10–12 Jahre	13–14 Jahre
reichlich			
Getränke (ml/Tag)	900	1000	1200
Brot, Getreide (g/Tag)	200	250	280
Kartoffeln, Nudeln, Reis (g/Tag)	140	180	200
Gemüse (g/Tag)	200	230	250
Obst (g/Tag)	200	230	250
ausreichend bzw. mäßig			
Milch, Milchprodukte (ml bzw. g/Tag)	400	420	450
Fleisch, Wurst (g/Tag)	55	65	75
Eier (Stück/Woche)	2	2–3	2–3
Fisch (g/Woche)	150	180	200
sparsam			
Margarine, Öl, Butter (g/Tag)	30	35	35
Geduldete Lebensmittel (bis 20 Prozent der Energiezufuhr)			
Kuchen, Süßigkeiten (g/Tag)	bis 50	bis 80	bis 80
Marmelade, Zucker (g/Tag)	bis 10	bis 20	bis 20

Quelle: Forschungsinstitut für Kinderernährung in Dortmund

Beachten Sie, dass die Mengenangaben für jedes Kind unterschiedlich sein können. Körpergröße, Gewicht, Temperament und sportliche Aktivität beeinflussen den individuellen Energiebedarf.

Brainfood für schlaue Köpfchen

Ein leerer Magen lernt nicht gern! Für Kinder, besonders aber für Schulkinder, ist deshalb das Frühstück eine wichtige Mahlzeit, um fit und vital in den Tag zu starten.

Frühstück und Pausenbrot machen etwa ein Drittel der täglich benötigten Energie von Schulkindern aus. Diese Bausteine sollten Frühstück und Pausenbrot enthalten:

> Mindestens 1 Volllkornprodukt (der hohe Gehalt an Kohlenhydraten, Ballaststoffen und Vitaminen sättigt lange, hält den Blutzuckerspiegel konstant und regt die Verdauung an)
> Mindestens 1 Milchprodukt (trägt zur Eiweiß,- Kalzium- und Vitamin B2-Versorgung bei)
> Je 1 Stück Obst und Gemüse (versorgt den Körper mit wichtigen Vitaminen)
> ausreichend Getränke (halten den Wasserhaushalt konstant, das ist besonders wichtig bei körperlicher Betätigung und hohen Außentemperaturen)

Lassen Sie Ihrem Kind ausreichend Zeit zum Frühstücken und essen Sie mit ihm gemeinsam. Hat Ihr Kind morgens kaum Appetit, sollte es wenigstens etwas trinken. Mehr als eine Tasse Tee sollte es aber schon sein. Gut geeignet ist zum Beispiel ein Glas warme Milch oder ein Trinkjoghurt, den Sie zum Beispiel mit Banane, Orange oder frischen Beeren selbst mixen können. Packen Sie ihm dann aber ein ausreichendes Pausenbrot ein.

TIPP

Backen Sie Müsliriegel doch einmal selber: Nüsse, Haferflocken und Honig mischen und bei 200° im Ofen ca. 10–15 Minuten knusprig backen. Noch warm in Würfel schneiden.

TIPP: Schnelle Rezeptideen rund ums Pausenbrot

> Doppeldecker aus Pumpernickel und Weißbrot mit Kräuterquark dazu gibt's frisches Obst der Saison
> Vollkornbrötchen mit Salami, dazu gibt's bunte Gemüsesticks
> Roggenbrot mit Schinken, dazu gibt's Früchtejoghurt
> Mehrkornbrötchen mit Hüttenkäse, dazu gibt's eine Banane
> Roggenbrot mit Camembert, dazu gibt's ein Stück Salatgurke
> Vollkornbrot mit Käse, dazu gibt's Orangensaft
> Knäckebrot mit Putenbrust, dazu gibt's einen Apfel

Trinken nicht vergessen!

Damit sich Ihr Schulkind fit und vital fühlt, packen Sie ihm ausreichend Getränke in den Schulranzen. Halten Sie Ihr Kind an, jede Stunde mindestens einen Becher Wasser oder Saftschorle zu trinken. Im Winter können Sie ihm warmen Tee in der Thermoskanne mitgeben. Schulkinder benötigen pro Tag mindestens ein bis eineinhalb Liter zu trinken. Bei hohen Außentemperaturen und körperlicher Aktivität darf es sogar mehr sein. Milch eignet sich nicht als Durstlöscher, ebenso wenig wie Limonaden, Colagetränke, Eistee oder Fruchtsaftgetränke. Diese Produkte sind zu süß und liefern unnötige Kalorien.

Mittagsverpflegung in Schulen

Durch die steigende Anzahl an Ganztagsschulen, nimmt eine Großzahl von Schulkindern das Mittagessen in der Schule oder im Hort ein. Die Mittagsverpflegung wird deshalb zu einem wichtigen Bestandteil der Ernährung. Auch wenn die Schule Ihres Kindes für ein ausgewogenes Angebot sorgt, sollten Sie sich gemeinsam mit Ihrem Kind den Speiseplan genau ansehen. Meist bieten die Kantinen mehrere Gerichte zur Auswahl. Entscheiden Sie sich für die etwas gesündere Variante. Da oft sehr fettreiche und nährstoffarme Gerichte auf dem Plan stehen, können Sie mit einer gesunden Lunchbox von zu Hause für ein ausgewogenes Mittagessen sorgen. Beziehen Sie Ihr Kind in die Auswahl der Gerichte mit ein, so entdecken Sie Vorlieben und können nebenbei seine Eigenverantwortung fördern.

REICH BELEGT
Ein üppig belegtes Vollkornsandwich mit ausreichend Salat, Gemüse und fettarmer Wurst kann ausnahmsweise ein warmes Mittagessen ersetzen.

Der warme Mittagstisch

Grundlagen der warmen Mittagsmahlzeit sollten Kartoffeln, Getreideprodukte, Nudeln, Reis oder Hülsenfrüchte sein, die mit reichlich Gemüse serviert werden. Rohkostsalate und Gemüsesticks kommen bei Kindern immer gut an. Ein Nachtisch muss nicht immer sein, Joghurt und Obst eignen sich bestens als Nachmittagssnack. Ein kalorienarmes Getränk gehört zu jedem Mittagessen dazu. Fleisch darf zweimal in der Woche auf dem Speiseplan stehen, Fisch einmal pro Woche.

Die »kalte« Lunchbox

Sollte einmal partout nichts Ansprechendes oder Gesundes auf dem Mensa-Speiseplan stehen, geben Sie Ihrem Kind ein leckeres kaltes Mittagessen mit. Achtung: war der Mittagstisch kalt, sollte abends eine warme Mahlzeit auf dem Tisch stehen.

Eigenverantwortung üben

Konfrontieren Sie Ihr Kind so früh wie möglich mit dem Thema gesunde Ernährung. Um Eigenverantwortung zu üben, lassen Sie Ihr Kind bei der Speisenplanung, beim Einkauf, beim Kochen und Backen sowie Tisch decken helfen. Mit diesen und anderen Aufgaben lernt Ihr Kind, für sich und andere Verantwortung zu übernehmen. Sein Selbstwertgefühl und Sozialverhalten werden ebenso gefördert.

Das Ernährungsverhalten Ihres Kindes wird von Anfang an durch die gesamte Familie geprägt. Bringen Sie ihm, sobald es alt genug ist, um selber einzukaufen, bei, mit dem breiten Lebensmittelangebot sinnvoll umzugehen. Natürlich essen Kinder sehr gerne Süßigkeiten. Deshalb ist es auch so wichtig, den Umgang mit dem Taschengeld am Kiosk in der Familie offen zu thematisieren. Sie brauchen Ihrem Kind aber nicht kategorisch zu verbieten, sich vom Taschengeld Süßes zu kaufen. Dadurch erhöht sich nur der Reiz, und Ihr Kind geht dazu über, sich heimlich mit den Leckereien zu versorgen. Besser ist es, mit Ihrem Kind eine Vereinbarung zu treffen, die den Einkauf der Lieblingssüßigkeit einmal pro Woche erlaubt. Dadurch lernt Ihr Kind, selbstständig eine gesundheitsbewusste Nahrungsmittelauswahl zu treffen.

Kochen macht Spaß! Lassen Sie Ihr Kind so oft es geht beim Kochen helfen. Geben Sie ihm Aufgaben, die seinem Alter entsprechen. Gemüse klein schneiden, Teig rühren und kneten, all das kann es mit ein bisschen Übung schon. Ganz wichtig: trauen Sie Ihrem Kind ruhig etwas zu. So steigern Sie sein Selbstbewusstsein und die Lust an gesundem Essen wird geweckt. Und hinterher dürfen die Kleinen ruhig auch beim Aufräumen helfen.

TIPP: Schnelle Rezeptideen rund um die Lunchbox

> Kartoffel- oder Nudelsalat mit Vollkornbrot
> Schnitzelsemmel, Wienerwürstchen mit Brötchen, Gemüsebratlinge mit Frischkäse-Dipp

Das gibt's dazu und hinterher: bunte Rohkost mit Kräuter-Dipp, ein hartgekochtes Ei, frisches Obst wie Apfel, Banane, Trauben, Natur- oder Fruchtjoghurt.

Wenn essen
zum Problem wird

Machen sich die einen Eltern Sorgen, dass die Speckröllchen doch schon lange kein Babyspeck mehr sein können, erschrecken andere Eltern vor den herausstehenden Rippen ihres Kindes. Für beide Fälle gilt: Finden Sie die Ursache für das Über- oder Untergewicht heraus und sprechen Sie offen mit Ihrem Kinderarzt über Ihre Sorgen. In den meisten Fällen lassen sich die Probleme durch eine einfache Ernährungsumstellung und ein neues Bewegungsprogramm lösen.

Mein Kind ist zu dick

Speckröllchen an Armen, Beinen und Bauch, die über das Baby-
und Kleinkindalter hinaus festsitzen, führen bei Kindern schnell
zu Übergewicht. Suchen Sie nach den möglichen Gründen für
das Übergewicht und versuchen Sie ein paar Dinge am Essverhalten Ihres Kindes, vielleicht aber auch an Ihrem eigenen Essverhalten zu ändern.

Gehen Sie zuerst einmal den Ursachen für das Übergewicht nach:
Nascht Ihr Kleines gerne und oft Süßes? Essen Sie mit Ihrem
Kind nicht regelmäßig und ausgewogen genug? Muss es im Alltag
oft schnell gehen, damit der nächste Termin eingehalten werden
kann? Oder bewegt sich Ihr Kind zu wenig und hat oft Langewei-
le? Ist Ihr Kind vielleicht zu viel Stress in der Schule ausgesetzt?
All diese Faktoren können die Entstehung von Übergewicht be-
günstigen. Bei etwas älteren Kindern kommt noch hinzu, dass sie
sich selbst in der Schulpause oder auf dem Nachhauseweg am
Kiosk oder im Supermarkt einen schnellen – meist ungesunden –
Snack kaufen können.

Gemeinsam gegen dicke Polster

Das können Sie tun, um Übergewicht vorzubeugen

> Gehen Sie beim Kochen sparsam mit Fett und Zucker um. Beides
  sind wahre Dickmacher. Erhöhen Sie den Gemüseanteil und verringern Sie den Anteil an Kohlenhydraten in den Mahlzeiten.

> Schränken Sie den Verzehr von Süßigkeiten und Knabberzeug
  auf einmal pro Woche ein. Füllen Sie eine »Schatzkiste«, aus
  der sich Ihr Kind einmal pro Woche seine Lieblingsnascherei
  aussuchen darf.

> Wählen Sie bevorzugt fettarme Käse- und Wurstsorten. Geflü-
  gelwurst schmeckt den meisten Kindern sowieso am besten.
  Bieten Sie zu jedem Essen etwas Frisches an – ein Salat vor der
  Nudelportion füllt den Magen und der Spaghettiteller wird sicherlich kleiner ausfallen.

> Achten Sie darauf, dass Sie den Teller Ihres Kindes nicht zu voll
  laden. Geben Sie ihm kleine Portionen. Wenn es möchte, darf
  es gerne noch eine kleine zweite Portion nachnehmen.

**URSACHEN VON
ÜBERGEWICHT**
Übergewicht ist meist die
Folge mehrerer Faktoren:
Oft stecken ungesunde Er-
nährung, wenig Bewegung
und zu viele Snacks zwi-
schendurch hinter den
überflüssigen Pfunden.

LASSEN SIE DIE PFUNDE PURZELN

Nicht selten sind übergewichtige Kinder kleine Gemüsemuffel. Versuchen Sie Ihrem Kind Gemüse durch eine kindgerechte Zubereitung schmackhaft zu machen. In Würfel oder Streifen geschnitten, kunterbunt auf dem Teller angerichtet schmeckt es schon besser. Kleine Geschichten rund um das Gemüse machen das Gemüse zum Erlebnis. Beim Einkauf auf dem Wochenmarkt darf Ihr Kind sein Lieblingsgemüse aus der bunten Vielfalt wählen.

Bereiten Sie das Gemüse immer wieder anders zu. Manches Kind liebt rohe Möhren, ein anderes isst Möhren nur gekocht. Wenn gar nichts hilft: pürieren Sie gedünstetes Gemüse mit dem Pürierstab und mischen Sie es unter die Tomatensauce oder -suppe. Sie werden sehen, so kommt frisches Gemüse bald auch bei Ihrem Gemüsemuffel gut an. Und ganz nebenbei können Sie dabei zusehen, wie die Pfunde allmählich purzeln.

> Unternehmen Sie regelmäßig etwas mit Ihrem Kind – so kommt Langeweile gar nicht erst auf. Achten Sie auch darauf, dass sich Ihr Kind ausreichend bewegt. Eine Anmeldung im Sportverein hilft nicht nur bei überflüssigen Pfunden, auch neue Freundschaften können entstehen.

Mein Kind ist zu dünn

Viele Eltern, deren Kind sehr dünn, ja fast schon mager ist, wünschten sich, dass ihr Kleines ein, zwei Kilo mehr auf den Rippen hätte. Besorgte Blicke und Fragen von Verwandten und Freunden, ob das Kleine denn auch ganz gesund sei, helfen da wenig – die eigenen Sorgen reichen meist schon völlig aus. Oft sind die Ängste jedoch unbegründet, da Kinder im Laufe der Entwicklung verschiedene Phasen durchlaufen und immer mal wieder als zu dünn erscheinen, je nach Längenwachstum. Überlegen Sie als Eltern, ob Sie vielleicht im Kindesalter ebenso dünn waren. Es kann gut sein, dass Ihr Kind ganz nach Ihnen kommt.

Mögliche Gründe für Untergewicht

Viele Größen- und Gewichtstabellen verunsichern besorgte Eltern mehr als nötig, das geht schon bei Neugeborenen los und hört auch im Kleinkindalter nicht auf. Stellen Sie also zunächst fest, ob Ihr Kind wirklich zu dünn ist, und beobachten Sie sein Gewicht über einen längeren Zeitraum. Ist Ihr Kind sehr dünn, obwohl es vielseitig isst und gesund und munter erscheint, müssen Sie sich keine Sorgen machen.

Machen Sie sich über die Ursachen Gedanken, weshalb Ihr Kind zu dünn sein könnte. Vielleicht macht Ihr Kind gerade einen Wachstumsschub durch und wächst rasant in die Höhe – das ist meist zwischen dem vierten und siebten Lebensjahr der Fall und die Kinder erscheinen als sehr dünn beziehungsweise schlank.

Hat Ihr Kind oft nicht genügend Zeit zum Essen oder hat es einfach keinen oder nur wenig Appetit? Möglich sind auch Ängste aufgrund von Unstimmigkeiten in der Familie. Oder ist Ihr Kind einfach ein schlechter Esser? Gründe gibt es einige, warum manche Kinder sehr dünn für ihr Alter und ihre Größe sind, Sorgen müssen Sie sich jedoch in den wenigsten Fällen machen.

FRAGEN SIE DEN ARZT
Ist Ihr Kind über längere Zeit deutlich dicker oder dünner als seine Freunde im gleichen Alter, sollten Sie darüber unbedingt mit Ihrem Kinderarzt sprechen.

Praktische Tipps für schlechte Esser

> Versuchen Sie das Essen durch den Zusatz von Butter, Sahne und Käse energiereicher zu machen. Es sollen keine vor Fett triefenden Speisen auf den Tisch kommen, sondern lediglich etwas angereicherte gesunde Gerichte.

> Bieten Sie Ihrem Kind immer wieder kleine Snacks für Zwischendurch an. Eine kleine Schale Müsli, Früchtequark oder Pudding bekommen viele schlechte Esser gut runter. Kalorienreiches Obst wie Banane, Aprikosen oder Weintrauben liefert zusätzlich Energie. Eine abwechslungsreiche Kost weckt ebenfalls den Appetit, der durch energiereiche, aber gesunde Snacks gestillt werden kann.

> Animieren Sie Ihr Kind zum Mitkochen. Selbst gekocht schmeckt es doch am allerbesten und macht den größten Essmuffel zum kleinen Feinschmecker.

> Geben Sie darauf acht, dass Ihr Kind bei Tisch nicht von Spielzeug oder anderen herumliegenden Dingen abgelenkt ist. Am Esstisch sollte das Augenmerk immer auf dem Teller und den Speisen liegen.

Nahrungsmittelunverträglichkeiten

Einige Kinder leiden schon im Kleinkindalter unter einer Nahrungsmittelunverträglichkeit. Hat Ihr Kind Probleme mit einem bestimmten Nahrungsmittel, sollten Sie unbedingt mit dem Arzt darüber sprechen, um eine sichere Diagnose und Therapie zu erstellen. In den meisten Fällen reicht es schon, das Nahrungsmittel, das nicht vertragen wird, vom Speiseplan zu streichen. Doch Vorsicht: oft sind Spuren eines bestimmten Nahrungsmittels, wie beispielsweise Nüsse, Getreide oder Ei, in Fertigmischungen oder anderen Lebensmitteln enthalten. Studieren Sie deshalb die Zutatenliste besonders genau!

Nahrungsmittelunverträglichkeit – was ist das?

Nahrungsmittelallergien und Nahrungsmittelintoleranzen werden zu den Nahrungsmittelunverträglichkeiten gezählt. Bei der Allergie werden Antikörper gegen bestimmte Nahrungsmittelbestandteile gebildet, die im Blut nachweisbar sind, während bei den Intoleranzen meist durch einen Enzymmangel die Unverträglichkeit gegen Nahrungsmittelbestandteile hervorgerufen wird. In beiden Fällen sollte auf die Lebensmittel verzichtet werden, die Allergien beziehungsweise Intoleranzen hervorrufen.

Lebensmittelallergien

Bei einer Allergie ist das Immunsystem beteiligt. Lebensmittel enthalten Eiweiße und Zusatzstoffe, auf die der Körper überempfindlich reagieren kann. Durch den Kontakt mit dem Auslöser bildet das Immunsystem Antikörper und ist damit sensibilisiert. Kommt es zu einem erneuten Kontakt mit dem Nahrungsmittel, werden die Beschwerden sofort ausgelöst: Hautjucken, Hautrötung, Schnupfen, Atemnot, Erbrechen, Durchfall, Kopfschmerzen bis hin zu schweren Kreislaufbeschwerden

---

GENAU HINSEHEN!
Leidet Ihr Kind unter einer Nahrungsmittelunverträglichkeit, heißt es die Zutatenliste von Fertigprodukten genau studieren. Viele Lebensmittel enthalten zum Beispiel Spuren von Nüssen oder Ei.

Die wichtigsten Nahrungsmittelallergene in Deutschland

Bei Erwachsenen	Bei Kindern
Obst: 35 Prozent	Milch: 70 Prozent
Nüsse: 23 Prozent	Ei: 40 Prozent
Gewürze: 18 Prozent	Obst: 8 Prozent
Fisch: 10 Prozent	Nüsse: 5 Prozent
Cerealien: 7 Prozent	Fisch: 5 Prozent
Milch: 7 Prozent	Cerealien: 4 Prozent
Ei: 7 Prozent	

Quelle: Taschenatlas Ernährung: Hans Konrad Biesalski, Peter Grimm; Stuttgart 2007; S.367

und einem lebensbedrohlichen allergischen Schock können die Folge sein. Schon kleine Mengen reichen aus, um die Symptome immer wieder hervorzurufen.

Milcheiweißallergie

Auslöser der allergischen Reaktion ist das Eiweiß der Kuhmilch. Bei Säuglingen und Kleinkindern tritt diese Allergie am häufigsten auf, sie kann sich jedoch im Lauf der Zeit abschwächen oder sogar ganz verschwinden.

Behandlung

Ein erster Schritt besteht darin, Milch und Milchprodukte bis auf Weiteres vom Speiseplan zu streichen. Auch Fertigprodukte, die Milcheiweiß enthalten, dürfen nicht verzehrt werden. Teilweise wird gekochte Milch oder ein Sauermilchprodukt vertragen, weil nicht jeder Betroffene auf alle Milcheiweißgruppen reagiert. Die Verträglichkeit muss individuell getestet werden.

Hühnereiweißallergie

Der Körper reagiert auf das Eiweiß, das im Eiklar von Hühnereiern enthalten ist, mit Bauchkrämpfen, Durchfällen, Hautausschlag und Atemnot. Die Reaktion tritt häufiger bei Eiklar als bei Eidotter auf.

Behandlung

Verzichten Sie auf den Verzehr von Eiern und eihaltigen Produkten. Achten Sie bei Fertigprodukten vor allem auf Begriffe wie Vollei, Eiklar, Weißei, Eigelb, die auch auf stark verarbeiteten Produkten deklariert sind.

Vorbeugung einer Lebensmittelallergie

Die Darmschleimhaut und das Immunsystem von Säuglingen sind noch nicht voll entwickelt. Wird der Darm und das Immunsystem von kleinen Kindern relativ früh mit fremden Eiweißen konfrontiert, kann sich vor allem bei erblich vorbelasteten Kindern eine Allergie entwickeln. Deswegen sollte ein Säugling min-

PRODUKTE AUS ZIEGENMILCH
Ersetzen Sie Kuhmilchprodukte durch Produkte aus Ziegenmilch. Suppen und Saucen verleiht Ziegenmilch sogar einen würzigeren Geschmack.

destens sechs Monate voll gestillt werden. Durch Stillen und schrittweise Einführung der Beikost lässt sich das Allergierisiko in den ersten drei Lebensjahren um etwa 50 Prozent verringern.

Lebensmittelintoleranzen

Nahrungsmittelintoleranzen sind Unverträglichkeiten von Nahrungsmittelbestandteilen, die nicht wie bei den Nahrungsmittelallergien mit der Bildung von Antikörpern einhergehen, sondern durch einen Mangel an Enzymen hervorgerufen werden und genetisch bedingt sind. Durch die unvollständige Aufnahme von Nährstoffen entstehen Beschwerden wie Blähungen, Durchfall und Bauchschmerzen.

Was ist Laktose-Intoleranz?

Bei einer Laktose-Intoleranz handelt es sich um eine Milchzuckerunverträglichkeit. Laktos, wie der Fachausdruck für Milchzucker lautet, ein Bestandteil der Milch, ruft bei manchen Menschen eine Unverträglichkeit hervor.

Normalerweise wird die Laktose, durch das laktosespaltende Enzym Laktase, welches in der Dünndarmschleimhaut angesiedelt ist, in seine Einzelbausteine zerlegt. Glukose und Galaktose können dann in das Blut aufgenommen werden und dienen der Energiegewinnung. Ursache für die Laktose-Intoleranz ist das Fehlen beziehungsweise die unzureichende Produktion des Verdauungsenzyms Laktase. Die Laktose gelangt in den Dickdarm und wird dort von den Darmbakterien aufgenommen und vergoren. Die Gärungsprodukte führen unter anderem zu Blähungen, Übelkeit, Durchfall und Bauchschmerzen.

Behandlung

Die Therapie der Milchzuckerunverträglichkeit hängt vom Schweregrad der Erkrankung ab, also davon, welche Mengen Milchzucker vertragen werden. Dies reicht von einer völligen Unverträglichkeit bis hin zu einer leichten Unverträglichkeit. Jeder Betroffene muss selbst herausfinden, bei welcher Menge zugeführter Laktose die Beschwerden auftreten.

EIN PLUS FÜR JOGHURT UND CO.
Obwohl Sauermilchprodukte (Joghurt, Dickmilch, Kefir) relativ große Mengen Milchzucker enthalten, werden sie häufig gut vertragen. Grund hierfür sind die Milchsäurebakterien, die im Darm größere Mengen Milchzucker abbauen.

Laktose kommt in Milch und aus Milch hergestellten Produkten vor. Vorsicht bei Fertigprodukten, die Milchpulver enthalten!

Was ist Zöliakie?

Bei Zöliakie wird das Klebereiweiß Gluten nicht vertragen, das in Getreide wie Weizen, Roggen, Gerste und Hafer vorkommt. Die Erkrankung betrifft hauptsächlich den Dünndarm.

Die Oberfläche des gesunden Dünndarms ist durch zahlreiche Auffaltungen (Zotten und Krypten) stark vergrößert. Dadurch besitzt der Dünndarm eine sehr große Oberfläche. Diese große Fläche gewährleistet, dass alle Nährstoffe der Nahrung vom Darm ins Blut befördert werden.

Wird bei Glutenunverträglichkeit dieses Getreideeiweiß mit der Nahrung aufgenommen, wird der typische Aufbau der Dünndarmschleimwand zerstört. Daher sind im kranken Dünndarm die Zotten abgeflacht und die Schleimhaut entzündet. Ein Nährstoffmangel und zahlreiche Beschwerden sind die Folgen.

Behandlung

Bei glutenfreier Ernährung wird Weizen, Roggen, Gerste und Hafer inklusive der botanischen Verwandten weggelassen. So ist es wichtig, die Zutatenliste immer genau zu lesen. Denn seit Ende 2005 muss Gluten und glutenhaltiges Getreide grundsätzlich deklariert werden, wenn es als Zutat eingesetzt wird.

KOCHEN MIT KINDERN, DIE AN EINER NAHRUNGSMITTELUNVERTRÄGLICHKEIT LEIDEN

Kinder, die bestimmte Nahrungsmittel nicht vertragen können und mit Bauchschmerzen, Durchfällen und Ausschlägen reagieren, leiden sehr unter dieser Situation. Nicht selten fühlen sie sich deshalb zum Beispiel bei Geburtstagsfesten ausgeschlossen. Kochen Sie mit Ihrem Kind regelmäßig und laden Sie auch Freunde dazu ein. Zeigen Sie Ihrem Kind, wie einfach es ist, bestimmte Produkte auszutauschen. Der normale Umgang mit der Nahrungsmittelunverträglichkeit hilft den Kleinen, die Situation zu akzeptieren.

REZEPTE FÜR DIE GANZE FAMILIE

Vom Frühstück bis zum Abendbrot: hier ‹ommen die besten Rezepte für drei bis vier Personen, die der ganzen Familie schmecken.

Ein guter Start in den Tag

Beginnen Sie den Tag mit einem herzhaften Frühstück für die ganze Familie. Müsli, Brot und leckere Aufstriche locken selbst Frühstücksmuffel aus der Reserve. Und wer morgens wirklich nichts mag, bekommt wenigstens einen cremigen Smoothie oder eine warme Milch. Denn klar ist: ein vitamin- und nährstoffreicher Start macht fit für den ganzen Tag. Und damit das alles nicht in Arbeit ausartet, zeigen Ihnen die kleinen Kochmützen (🧑‍🍳) neben den Rezepten, wo kleine Köche Sie gefahrlos unterstützen können.

Müslis

Hier kommen leckere Rezepte für hungrige Kinder, deren Energiespeicher schnell wieder aufgefüllt werden müssen. Fruchtige Versuchungen locken auch Frühstücksmuffel aus der Reserve.

Knuspermüsli

Selbst gemachter Knabberspaß voller Mineralstoffe

½ Tasse Kokosflocken | 4 Tassen kernige Haferflocken | ½ Tasse Weizenkleie | ½ Tasse Kürbiskerne | 1 Tasse gehackte Mandeln | 1 EL Sesamsamen | ½ TL Zimt | ¼ TL geriebene Muskatnuss | ½ Tasse Honig | 150 g geschmolzene Butter | ½ Tasse getrocknete Cranberries

1 Den Backofen auf 200° vorheizen. Ein Backblech mit Backpapier belegen und die Kokosflocken darauf verteilen. Die Kokosflocken in ca. 5–10 Minuten rösten, aus dem Ofen holen und abkühlen lassen.

2 Den Ofen auf 180° zurückschalten. Zwei Backbleche mit Backpapier belegen und zur Seite stellen. Alle Zutaten bis auf Honig, Butter und Cranberries in einer Schüssel mischen.

3 Honig und Butter über die Haferflockenmischung geben und gut mischen. Die Mischung auf die Backbleche streichen und im Ofen 30 Minuten goldgelb backen. Das Knuspermüsli aus dem Ofen holen, abkühlen lassen und mit einem großen Messer in kleine Stücke hacken. Dann mit den Kokosflocken und Cranberries mischen.

4 Zum Frühstücken das Knuspermüsli jeden Tag mit Milch, Joghurt und Obst frisch zusammenstellen.

Nuss-Orangen-Müsli

Enthält viel Eiweiß, Kalzium und Vitamin C

3 EL Haselnüsse | 3 Orangen | 200 g Vanillejoghurt | 200 g körniger Frischkäse

1 Die Haselnüsse klein hacken und in einer beschichteten Pfanne kurz anrösten. Die Orangen schälen, die Filets mit einem scharfen Messer aus den Trennhäuten schneiden. Die Orangenfilets klein schneiden. Nüsse und Orangen mit Vanillejoghurt und Frischkäse mischen.

VORSICHT ALLERGIE-GEFAHR
Um Allergien vorzubeugen, sollten Kinder unter drei Jahren noch keine Nüsse bekommen. Lassen Sie die Nüsse dann einfach weg oder ersetzen Sie sie durch selbst gemachte Semmelbrösel oder Grieß.

Apfel-Schmarren

Warmer Start in den Tag mit Kalzium, Eisen und Vitamin C

2 große Äpfel | 1 Banane | 200 ml Milch | 4 EL kernige Haferflocken | 1 Prise Zimt

1 Die Äpfel waschen und grob raspeln. Die Banane schälen und in kleine Stücke schneiden. Die Milch in einem Topf warm werden lassen, die Haferflocken darin 10 Minuten quellen lassen. Geriebene Äpfel, Banane und Zimt zur Milchmischung geben und gut verrühren.

Beerenjoghurt mit Biss

Pinkfarbene Löffelei voller Mineralstoffe und Vitamin C

100 g Himbeeren (TK-Produkt) | 2 EL gemahlene Mandeln | 200 g Naturjoghurt | 3 Stück Vollkornzwieback | 4 TL Birnendicksaft

1 Die Himbeeren auftauen lassen und zusammen mit Mandeln und Joghurt mit dem Pürierstab pürieren.

2 Den Zwieback in kleine Stücke brechen und mit dem Birnendicksaft unter den Beerenjoghurt mischen. Sofort genießen, damit der Zwieback noch schön knackig schmeckt.

Bunter Raspelquark

Kunterbunt ist gesund

1 Bio-Apfel | 1 Möhre | 1 Handvoll blaue Weintrauben | 250 g Speisequark (20% Fett i.Tr.) | 2 EL Milch | 1 EL Pistazienkerne | 1 EL Akazienhonig

1 Den Apfel waschen, die Möhre schälen. Apfel und Möhre auf der groben Seite der Gemüsereibe vorsichtig reiben.

2 Die Weintrauben waschen und halbieren.

3 Den Quark mit der Milch glatt rühren und mit geriebenem Apfel und Möhre mischen. Die Weintrauben unterheben.

4 Die Pistazienkerne untermischen und den Quark mit Akazienhonig süßen.

Für Schoko-Fans:
Bananenbrötchen

Sonntagsfrühstück

Am Sonntag darf das Frühstück ruhig etwas üppiger ausfallen:
Alle haben Zeit und können bei den Vorbereitungen helfen. Duftende Quarkbrötchen sind die Mühe allemal wert.

Bananen-Brötchen

Frühstück für Schleckermäulchen

1 Banane | 2 EL geraspelte Schokolade | 100 g Frischkäse |
2 Kartoffelbrötchen

1 Die Banane schälen und in dünne Scheiben schneiden. Die Bananenscheiben mit der geraspelten Schokolade unter den Frischkäse mischen.
2 Die Kartoffelbrötchen aufschneiden und in einer beschichteten Pfanne ohne Fett kurz anrösten. Die Brötchen abkühlen lassen und mit der
Bananen-Schoko-Creme bestreichen.

Quarkbrötchen lassen sich wunderbar einfrieren.

Quarkbrötchen 👨‍🍳

Enthält viel Eiweiß und Mineralstoffe

200 g Speisequark | 2 Eier | 4 EL Rapsöl | 100 g Zucker | 1 Prise Salz | 500 g Vollkornmehl | 1 TL Backpulver | 4 EL getrocknete Kirschen oder Cranberries

1 Den Backofen auf 180° vorheizen. Den Quark mit den Eiern, Öl, Zucker und Salz verquirlen. Das Mehl mit dem Backpulver mischen und unter den Quark heben. Die getrockneten Beeren unter den Teig kneten.
2 Die Hände mit Öl einreiben und aus dem Teig zwölf kleine Brötchen formen. Die Brötchen auf ein mit Backpapier belegtes Backblech geben und im Ofen in 20 Minuten goldbraun backen.

Schinken-Hörnchen 👨‍🍳

Herzhafter Start in den Tag

16 weiße und blaue Weintrauben | 2 Vollkorn-Croissants | 4 EL Frischkäse | 4 Scheiben gekochter Schinken | 2 Scheiben Brie

WEINTRAUBEN
Weintrauben liefern viele Nährstoffe wie Vitamine, Mineralstoffe und Phytamine. Schon Ihrem Kleinkind können Sie Weintrauben zum Knabbern geben – allerdings müssen Sie die Trauben vorher halbieren und die Kerne entfernen, damit es sich nicht daran verschluckt.

1 Die Trauben waschen und halbieren. Die Croissants aufschneiden und jede Hälfte mit Frischkäse bestreichen. Den Schinken in Streifen schneiden und gitterförmig auf den Hörnchen verteilen. In jede Lücke eine Traubenhälfte legen.
2 Wer möchte, kann noch je eine Scheibe Brie auf die Hörnchen geben. Der Käse passt toll zu den Trauben.

Rührei-Sandwich

Reich an Vitamin D, K, Jod und Folsäure

3 Vollkornbrötchen | 3 EL Butter | ½ Bund Schnittlauch | 4 Eier | Salz | Pfeffer

1 Die Brötchen aufschneiden und mit 2 EL Butter bestreichen. Den Schnittlauch waschen, trocken schütteln und in Röllchen schneiden.

2 1 EL Butter in der Pfanne zerlassen und die Eier in die Pfanne schlagen. Sobald das Eiweiß weiß wird, die Eier mit einem Holzlöffel auseinanderreißen. Das Rührei mit Schnittlauch, Salz und Pfeffer würzen. Die Brötchen mit dem Rührei belegen und warm genießen.

Lieblingsbrot
Voller Mineralstoffe und Vitamin C

300 ml lauwarmes Wasser | 1 EL Zucker | 2 Päckchen Bäckerhefe | 600 g Vollkornmehl | 2 TL Salz | 2 EL Olivenöl | je 1 rote und 1 gelbe Paprikaschote | 2 Knoblauchzehen | 250 g Emmentaler | 2 EL frische, gehackte Kräuter (z. B. Salbei, Rosmarin Oregano)

1 Wasser, Zucker und Hefe so lange mischen, bis sich die Hefe ganz aufgelöst hat. Das Mehl mit Salz und Öl unter den Teig kneten.
2 Die Paprika waschen, putzen und in sehr kleine Würfel schneiden. Den Knoblauch schälen und durchpressen. Den Käse ebenfalls in kleine Würfel schneiden. Paprikawürfel, Knoblauch und Käse unter den Teig kneten. Zum Schluss die Kräuter untermischen. Den Teig abdecken und an einem warmen Ort 30 Minuten gehen lassen.
3 Den Backofen auf 180° vorheizen. Den Brotteig auf einer bemehlten Arbeitsfläche noch einmal kräftig durchkneten und in die gewünschte Form bringen. Das Brot auf einem mit Backpapier ausgelegten Backblech im Ofen ca. 45 Minuten backen.

GU-ERFOLGSTIPP   SO GELINGT HEFETE G

Damit der Hefeteig schön aufgeht, leicht und fluffig wird, sollten Sie einige Dinge beachten. Am besten bereiten Sie zunächst einen Vorteig aus etwas Wasser oder Milch, Zucker und der Hefe zu. Lassen Sie diesen Teig etwa 30 Minuten gehen und kneten Sie den Hefeteig mit den übrigen Zutaten dann lange und gründlich, bis er sich geschmeidig und weich anfühlt. Damit der Teig schön aufgeht, müssen Sie die Temperatur im Auge behalten: Am besten vermehren sich die Hefepilze bei etwa 37 Grad. Wenn Sie Ihre Küche zum Brotbacken nicht in eine Sauna verwandeln wollen, können Sie die Schüssel mit dem Hefeteig auch in 37 Grad warmes Wasser stellen und dort gehen lassen.

Frühstück für Frühstücksmuffel

Ihr Kind ist ein kleiner Morgen- und auch Frühstücksmuffel und bekommt in der Früh noch nicht viel runter? Dann probieren Sie diese schnellen Mini-Frühstücksideen für einen guten Start in den Tag.

Zwieback zum Löffeln

Cremiger Genuss am Morgen mit Kalzium

2 Stück Zwieback | 100 ml Milch | 1 TL Zucker | 1 Prise Zimt |
1/2 Apfel nach Belieben

1 Den Zwieback in Stücke brechen. Die Milch auf mittlerer Stufe erwärmen, über den Zwieback geben und zu einem Brei rühren. Mit Zucker
und Zimt abschmecken.
2 Schön fruchtig wird es, wenn Sie einen halben Apfel reiben und untermischen.

Ideal für alle, die morgens
gar nichts Festes vertragen:
Der Gute-Laune-Smoothie.

Gute-Laune-Smoothie

Frischer Wachmacher mit Kalzium

100 g Erdbeeren (frisch oder TK) | 4 TL Birnen-
dicksaft | 200 g Naturjoghurt | 50 ml Milch |
1 Spritzer Zitrone

1 Die Erdbeeren waschen und putzen (TK-Beeren
auftauen lassen).
2 Die Erdbeeren mit Birnendicksaft, Joghurt und
Milch mit dem Pürierstab oder im Mixer fein pürieren. Mit einem Spritzer Zitrone abschmecken.
TIPP: Der Gute-Laune-Smoothie schmeckt auch
mit reifen Aprikosen.

Bananenmix

Kalziumbombe mit Fluor und Zink

2 Bananen | 400 ml Buttermilch | 1 TL Aka-
zienhonig | 3 TL gemahlene Mandeln

1 Die Bananen schälen und in grobe Stücke schneiden. Bananenstücke zusammen mit der Buttermilch, dem Akazienhonig und den gemahlenen Mandeln in einen hohen Becher geben und fein pürieren.

Vitamin-Knabberei

So schmecken Vitamine jedem Frühstücksmuffel

½ Apfel | 4 blaue Weintrauben | ½ Banane | 4 Erdbeeren, Himbeeren oder Blaubeeren

1 Den Apfel schälen, das Kerngehäuse entfernen. Den Apfel in sechs Würfel schneiden. Die Weintrauben waschen.
2 Die Banane schälen und in 4 gleichgroße Stücke teilen. Die Beeren waschen und putzen. Die Früchte kunterbunt auf zwei Zahnstocher stecken.

Mini-Fitmacher

Lieblingsjoghurt mit Extra-Magnesium

1 Banane | 200 g Vanille- oder Schokojoghurt | 1 EL Kokosflocken

1 Die Banane schälen und mit einer Gabel zerdrücken. Das Bananenmus mit Joghurt und Kokosflocken mischen.
TIPP: Der Joghurt schmeckt auch lecker mit gemischten Beeren wie Erdbeeren, Himbeeren und Blaubeeren!

Erdbeertraum

Frischer Joghurt-Drink mit Folsäure und Vitamin C

250 g Erdbeeren | 150 g Naturjoghurt | 150 ml eiskalte Milch | ½ Päckchen Vanillezucker

1 Die Erdbeeren, waschen, verlesen und vom Stielansatz befreien. Große Erdbeeren halbieren.
2 Das Obst zusammen mit dem Naturjoghurt in einen hohen Becher geben und mit Milch und Vanillezucker fein pürieren.

Nicht nur für Kinder. Die Vitaminknabberei schmeckt auch den Großen.

Kleine Gerichte

Für Zwischendurch, zur nachmittäglichen Brotzeit oder abends muss es nicht immer eine vollwertige Mahlzeit sein. Auch kalte Küche kann den Appetit anregen und die ganze Familie zum Verweilen einladen. Zumal wenig Aufwand damit verbunden ist, und auch die Aufräumarbeiten sich in Grenzen halten. Damit es noch besser schmeckt und nach dem Aufstehen kein Stein im Magen liegt, finden Sie hier schnelle und leichte Ideen rund um Suppen, Salate, Toasts und Sandwiches.

Suppen

Suppen wärmen verfrorene Kinder an manch kaltem Wintertag. Sie schmecken aber auch im Sommer. Haben Sie ein Kleinkind zu Hause, achten Sie darauf, die Suppe nicht zu flüssig zuzubereiten – denn Löffeln will gelernt sein. Vergessen Sie nicht, die Temperatur zu prüfen, bevor Sie die Suppe servieren.

Tomatensuppe mit Röstinchen

Lieblingssuppe mit vielen Mineralstoffen

1 Schalotte | 1 EL Rapsöl | 1000 g passierte Tomaten | 300 ml Gemüsebrühe | 1 EL Zucker | Salz | Pfeffer | 3 Scheiben Vollkornbrot | 1 EL Olivenöl | 50 ml Sahne | 3–4 frische Basilikumblättchen

1 Backofen auf 180° vorheizen. Die Schalotte fein würfeln und im Öl glasig dünsten. Die Tomaten und die Brühe dazugeben und bei mittlerer Hitze köcheln lassen. Mit Zucker, Salz und Pfeffer abschmecken.
2 Das Vollkornbrot in große Würfel schneiden und mit dem Olivenöl beträufeln. Die Brotwürfel im Ofen 10 Minuten rösten.
3 Die Sahne kurz mit dem Schneebesen anschlagen, ein paar Basilikumblätter klein zupfen und unter die Sahne mischen. Die Suppe in Suppenschüsseln anrichten und mit den Vollkornröstinchen und je einem Klecks Basilikumsahne garnieren.

Hühner-Nudel-Topf

Enthält viel Eiweiß und Kalzium

1 Bund Suppengrün | 500 g Hähnchenfleisch | 200 ml Milch | Salz | Pfeffer | 200 g Suppennudeln | ½ Bund glatte Petersilie

1 Das Suppengrün putzen und mit der Gemüsereibe grob raspeln. Das Hähnchenfleisch in kleine Würfel schneiden und mit dem Suppengrün in zwei Litern Wasser ca. 20 Minuten gar kochen.
2 Wenn Gemüse und Fleisch gar sind, die Milch zufügen und die Suppe mit Salz und Pfeffer abschmecken. Die Suppennudeln in die Suppe geben und nach Packungsangabe bissfest kochen. Die Petersilie fein hacken und die Suppe damit bestreuen.

SUPPENVORRAT

Frieren Sie immer eine Portion Suppe ein. So haben Sie ein schnelles Mittagessen parat, wenn die Zeit mal knapp ist.

Kartoffelsuppe mit Miniwürstchen

Wärmt von innen mit Kalzium, Folsäure und Vitamin C

1 Bund Suppengrün | 1 kg mehlige Kartoffeln | 100 ml Sahne | Salz | Pfeffer | 5 Wiener Würstchen | Schnittlauchröllchen zum Verzieren

1 Das Suppengrün putzen und klein schneiden. Die Kartoffeln schälen, große halbieren und mit dem Suppengrün in Salzwasser in etwa 20 Minuten weich kochen. Etwas Wasser abgießen, sodass Kartoffeln und Suppengrün gerade noch mit Wasser bedeckt sind. Das Gemüse mit dem Pürierstab pürieren. Die Sahne unterrühren. Die Suppe mit Salz und Pfeffer abschmecken.

2 Die Würstchen in 2 cm große Stücke schneiden und in einer beschichteten Pfanne ohne Öl kurz von allen Seiten anbraten.

3 Die Kartoffelsuppe in tiefen Tellern anrichten und die Würstchen auf die Teller verteilen. Mit Schnittlauchröllchen garnieren.

Bringt viele wichtige Mineralien auf den Teller: die goldgelbe Maissuppe mit Grieß.

Maissuppe mit Grieß

Enthält Vitamin K und Kalzium

1 Zwiebel | 1 Knoblauchzehe | 2 EL Olivenöl | 500 g Mais (TK oder aus der Dose) | 200 ml Gemüsebrühe | 200 ml Milch | 30 g Hartweizengrieß | Salz | Pfeffer | 1–2 EL geriebener Käse nach Belieben

1 Die Zwiebel und den Knoblauch schälen, beides fein würfeln.

2 Zwiebeln und Knoblauch in Öl anschwitzen. Den Mais dazugeben und mit Brühe und Milch aufgießen. Die Suppe auf mittlerer Stufe zum Kochen bringen.

3 Den Topf vom Herd ziehen und den Grieß in die Suppe rühren. Mit dem Pürierstab die Suppe cremig pürieren, mit Salz und Pfeffer abschmecken.

4 Eine Extraportion Kalzium kommt durch geriebenen Käse wie Parmesan oder Gouda in die Suppe.

Salate

Kinder lieben Salate. Sie müssen nur in die richtige Form gebracht werden und mit dem richtigen Dressing angemacht sein. Auf zu viel Essig sollten Sie auf jeden Fall verzichten. Mit diesen vier bunten und knackigen Salaten wird sicher auch Ihr Kleinkind zum Vitaminliebhaber.

Rohkostspieß mit Dip

Vitamine für Kinder ab 2 Jahre
1–2 kleine junge Möhrchen | ¼ Gurke | ½ Kohlrabi | ½ gelbe Paprika | 9 Kirschtomaten
Für den Dipp: 100 g Naturjoghurt | 1 EL Tomatenmark | ½ EL Akazienhonig | 1 Prise mildes Currypulver
Außerdem: 9 Zahnstocher

1 Die jungen Möhren, die Gurke und den Kohlrabi schälen und in fingerdicke Scheiben schneiden. Die Paprika waschen und in ca. 2x2 cm große Würfel schneiden. Die Tomaten waschen, halbieren und den grünen Stielansatz mit einem Messer herausschneiden. Die Gemüsescheiben und -würfel abwechselnd auf die Zahnstocher stecken.
2 Für den Dip den Joghurt mit Tomatenmark, Honig und Currypulver glatt rühren. Den Dip zu den Spießen servieren.

Möhren-Nuss-Salat

Das Beste für Augen und Köpfchen
5 große Möhren | 50 g fein gehackte Mandeln | 4 EL Rapsöl | 2 EL Zitronensaft | 1 EL Honig | Salz | Pfeffer | ½ Apfel nach Belieben

1 Die Möhren schälen und fein reiben. Die Mandeln in einer beschichteten Pfanne ohne Fett kurz anrösten. Die Möhren mit den Mandeln mischen.
2 Das Öl mit Zitronensaft, Honig, Salz und Pfeffer verrühren, den Möhren-Nuss-Salat damit abschmecken.
3 Wer möchte, kann geriebenen Apfel unter den Salat mischen – das schmeckt extra frisch und knackig.

TIPP: Rohkost für Kleinkinder
Richten Sie für Ihr Kleinkind die Rohkostwürfel auf einem Teller an. Zahnstocher sind zu gefährlich, und Ihr Kind könnte sich verletzen. Kleinkinder können sich an festem Gemüse wie Möhre und Kohlrabi leicht verschlucken. Bieten Sie diese Gemüsesorten daher erst an, wenn Ihr Kind richtig kauen kann. Gurke, Tomate und weiche Paprika eignen sich besser.

Fruchtiger Eissalat

Vitamin- und mineralstoffreich

½ Eisbergsalat | 1 Apfel oder 1 Birne | 50 g Naturjoghurt | 1 EL Birnendicksaft | Salz | Pfeffer | ¼ Ananas nach Belieben

1 Den Salat waschen und in sehr kleine Würfel schneiden. Den Apfel oder die Birne schälen, das Kerngehäuse entfernen und das Fruchtfleisch grob reiben.

2 Das geriebene Obst mit dem Joghurt und dem Birnendicksaft verrühren. Mit Salz und Pfeffer abschmecken. Das Dressing mit den Salatwürfeln gut mischen.

3 Nach Belieben frische Ananas schälen und putzen. Dabei die Augen mit einem scharfen Messer entfernen. Die Ananas in sehr kleine Würfel schneiden und unter den Salat mischen.

Das Auge isst mit: Würfelsalat im Glas animiert zum sofortigen Loslöffeln.

Würfelsalat im Glas

Vitamine zum Löffeln

½ Gurke | 1 kleine Dose Mais | ½ orangefarbene Paprika | 6 Kirschtomaten | 2 EL Naturjoghurt | 1 EL Apfelessig | Salz | Pfeffer

1 Die Gurke schälen, der Länge nach in lange Streifen, dann in sehr kleine Würfel schneiden. Den Mais abtropfen lassen.

2 Die Paprika waschen und putzen. Die Trennhäute mit den Kernen mit einem scharfen Messer entfernen und das Fruchtfleisch in dünne Streifen schneiden. Die Streifen fein würfeln.

3 Die Tomaten waschen, abtrocknen und halbieren. Den grünen Stielansatz keilförmig herausschneiden und die Tomaten je nach Größe in Viertel oder Achtel schneiden.

4 Das Gemüse mit dem Joghurt und Essig gut mischen, mit Salz und Pfeffer abschmecken. Den Salat in kleinen Gläsern anrichten und mit Teelöffelchen servieren.

Toasts und Sandwiches

Nichts geht über einen knusprigen Toast oder ein lecker belegtes Brötchen, wenn es einmal schnell gehen muss. Zum Belegen eignen sich milde Schinken- und Käsesorten.

Pizzabrötchen

Reich an Eiweiß und Vitamin C

3 Vollkornsemmeln | 2 EL Tomatenmark | 3 Scheiben gekochter Schinken | 2 Eiertomaten | 1 Kugel Mozzarella | 1 TL Oregano | Salz | Pfeffer

1 Den Backofen auf 180° vorheizen. Die Brötchen halbieren und mit Tomatenmark bestreichen. Die Brötchen mit je ½ Scheibe Schinken belegen.
2 Die Tomaten in Scheiben schneiden. Je zwei Tomatenscheiben auf die Brötchen legen.
3 Den Mozzarella klein schneiden und auf den Tomaten verteilen. Die Brötchen mit Oregano, Salz und Pfeffer würzen. Die Brötchen im Ofen 10 Minuten überbacken.

Pizzabrötchen sind ein echter Kinderhit – ideal für die Geburtstagsparty.

Putenbrusttaler

Leckere Mini-Häppchen mit Eiweiß, Folsäure und Vitamin A, C und K

12 runde Scheiben Party-Pumpernickel | 100 g Frischkäse | 1 TL mildes Currypulver | Salz | Pfeffer | 100 g geräucherte Putenbrust | 2 Kiwis

1 Die Pumpernickeltaler auf einem Teller verteilen. Der Frischkäse mit dem Currypulver cremig rühren. Mit etwas Salz und Pfeffer würzen.
2 Mit einer runden Form oder einem Glas runde Taler aus den Putenbrustscheiben ausstechen. Die restliche Putenbrust klein schneiden und unter den Curry-Frischkäse mischen. Die Kiwis schälen und in zwölf dünne Scheiben schneiden.
3 Die Pumpernickeltaler mit Frischkäse bestreichen, mit je einer Kiwi- und Putenbrustscheibe belegen und mit einem Zahnstocher fixieren.

Gestapelter Mini-Toast

Enthält viel Eiweiß und Kalzium

9 Scheiben Vollkorntoast | 3 EL Butter | 6 Scheiben gekochter Schinken | 6 Scheiben junger Gouda | ¼ Salatgurke

1 Den Toast im Toaster oder Backofen toasten und sechs Scheiben mit Butter bestreichen. Je eine Scheibe Schinken und Käse auf den gebutterten Toastbrotscheiben verteilen. Die Gurke schälen, längs in schmale Streifen schneiden und auf den Toastbrotscheiben verteilen.

2 Je zwei belegte Toastbrote aufeinandersetzen. Die drei ungebutterten Toastscheiben als Deckel obenauf setzen. Die Toasts vierteln und mit Zahnstochern feststecken.

Gegrilltes Sandwich mit Gemüse

Schmeckt wie Italien und steckt voll Vitamin C

3 Kartoffelbrötchen | 1 mittelgroßer Zucchino | 1 rote Paprikaschote | 2 EL Olivenöl | Salz | Pfeffer | 1 Kugel Mozzarella

1 Die Brötchen halbieren und in einer beschichteten Pfanne mit der Schnittseite kurz anrösten. Zucchino und Paprika waschen, putzen und in sehr dünne Scheiben schneiden. Das Öl in einer Pfanne erhitzen, die Zucchini- und Paprikascheiben darin 3–4 Minuten anbraten. Dabei mehrmals wenden. Mit Salz und Pfeffer würzen.

2 Den Mozzarella in Scheiben schneiden. Je eine Brötchenhälfte mit Zucchini und Paprika belegen und je eine Mozzarellascheibe auf das Gemüse geben. Die Brötchen zuklappen und noch warm genießen.

Gefüllte Eier

Energiebombe voller Vitamine und Spurenelemente

4 hartgekochte Eier | 50 g Frischkäse | 4 Partypumpernickel, zerbröselt | 1 TL Senf | 1 Kästchen Kresse | Salz | Pfeffer

1 Die Eier schälen und der Länge nach halbieren. Das Eigelb vorsichtig entfernen und mit Frischkäse, Pumpernickel, Senf und Kresse verrühren. Mit Salz und Pfeffer abschmecken.

2 Die Eier mit der Masse füllen und mit Kresse garnieren.

Vollkorn-Käse-Ecken ♟

Cremig-knackiger Belag mit viel Vitamin C

5 Scheiben Kastenbrot aus Vollkorn | 6 EL Sauerrahm | 1 EL Tomatenmark | ½ gelbe Paprikaschote | ½ Bund Schnittlauch | 4 Scheiben Käseaufschnitt

1 Die Brotscheiben in Viertel schneiden. Den Sauerrahm mit dem Tomatenmark verrühren. Die Paprikaschote waschen, halbieren, Kerne und Trennhäute entfernen und in sehr kleine Würfel schneiden. Schnittlauch waschen und in Röllchen schneiden. Den Käse ebenfalls in sehr kleine Würfel schneiden.
2 Paprikawürfel, Schnittlauch und Käsewürfel mit dem Sauerrahm mischen und die Vollkornecken damit bestreichen.

Ein schneller Snack fürs Abendbrot: Vollkorn-Käse-Ecken.

Puten-Curry-Brötchen mit Sesam-Kohlrabi

Asiatisch angehauchte Vitamine

3 Vollkornbrötchen | 6 EL Frischkäse | 1 TL mildes Currypulver | 6 Scheiben geräucherte Putenbrust | 2 Kohlrabi | 2 EL Sesamsamen | 1 TL Sojasauce | 2 EL Rapsöl | 2 EL Zitronensaft | Salz | Pfeffer

1 Die Brötchen halbieren. Den Frischkäse mit dem Currypulver verrühren und die Brötchen damit bestreichen. Auf jede Brötchenhälfte eine Scheibe Putenbrust legen.
2 Den Kohlrabi schälen und raspeln. Die Sesamsamen in einer beschichteten Pfanne ohne Fett kurz anrösten. Geröstete Sesamsamen mit Sojasauce, Öl und Zitronensaft mischen. Mit Salz und Pfeffer abschmecken. Den Kohlrabisalat zu den Brötchen servieren.
TIPP: Einen griechischen Touch bekommen die Ecken, wenn Sie statt Pakrika und Käseaufschnitt klein geschnittene Gurken und Feta verwenden. Schmeckt auch mit Tomaten und Mozzarella.

Aufstriche

Diese tollen Aufstriche passen auf Brot, Brötchen & Co. In einem sterilen, verschließbaren Glas halten sie sich drei bis vier Tage. Mischen Sie die cremigen Gaumenschmeichler gemeinsam mit Ihrem Kind, so freut es sich schon morgens auf Selbst gemachtes auf dem Frühstückstisch.

Fruchtmus ♟

Voll cremiger Frucht mit vielen Vitaminen und Spurenelementen

200 g gemischte Früchte (z. B. Aprikosen, Beeren, Feigen) | 5 getrocknete Aprikosen | 100 ml Apfelsaft, naturtrüb

1 Die Früchte und die getrockneten Aprikosen in kleine Würfel schneiden und mit dem Apfelsaft in einem Topf einkochen. Die Früchte mit dem Pürierstab fein pürieren, das Mus abkühlen lassen. In ein wiederverschließbares Glas füllen und im Kühlschrank aufbewahren.

Mit diesen Aufstrichen schmeckt jedes Brötchen noch einmal so gut.

TIPP: Sehr fein schmeckt das Fruchtmus mit geräucherter Putenbrust. Ein Vollkorn-Brötchen halbieren, mit dem Fruchtmus bestreichen und die Hälften mit je einer Scheibe Putenbrust belegen.

Schokocreme

Fürs Sonntagsfrühstück

50 g Zartbitterschokolade | 200 g Magerquark | 2 EL Akazienhonig

1 Die Schokolade im Wasserbad schmelzen. Die geschmolzene Schokolade etwas abkühlen lassen und unter den Quark mischen. Mit Honig abschmecken. Die Schokocreme in ein wiederverschließbares Glas füllen und im Kühlschrank aufbewahren.
TIPP: So schmeckt's besonders gut: Vollkorntoast toasten, mit der Schokocreme bestreichen und mit Bananenscheiben oder Erdbeeren belegen.

Möhrenaufstrich

Frisch und fruchtig

2 kleine Möhren | 4 EL Mandelstifte | 1 EL Aprikosenmarmelade | 4 EL Frischkäse

1 Die Möhren schälen und grob reiben. Die Mandelstifte in einer Pfanne ohne Fett kurz anrösten und mit den Möhren, der Aprikosenmarmelade und dem Frischkäse gut mischen.
TIPP: Die Möhrencreme auf 2 Vollkornbrote streichen, zusammenklappen und verpacken – schon ist ein knackiger Pausensnack fertig!

Honig-Nuss-Creme

Eiweißreicher Aufstrich mit vielen ungesättigten Fettsäuren

2 Hände voll gemischte Nüsse (z. B. Mandeln, Haselnüsse, Cashewkerne, Erdnüsse) | 1 Glas Honig (200 g)

1 Die Nüsse grob hacken und in einer beschichteten Pfanne ohne Fett von allen Seiten goldbraun anrösten. Vorsicht, die Nüsse dürfen nicht anbrennen, sonst schmecken sie bitter. Die Nüsse mit dem Honig mischen und in einem wiederverschließbaren Glas aufbewahren.

GESUNDE NÜSSE

Nüsse sind reich an ungesättigten Fettsäuren und den Vitaminen B und E – deshalb ideal für die Gesundheit! Die Honig-Nuss-Creme schmeckt nicht nur auf dem Brot, sondern macht aus einem Becher Naturjoghurt einen köstlichen Nussjoghurt. Eine Handvoll Lieblingsfrüchte dazu – einfach lecker!

Warme Hauptgerichte

Alle folgenden Rezepte sind leicht nachzukochen und gelingsicher – selbst wenn Sie wenig Kocherfahrung haben. Die Auswahl der warmen Mahlzeit können Sie zum Beispiel nach dem Wochenplan treffen. Oder Sie suchen sich aus den folgenden Rezepten einfach nach Lust und Laune eines aus. Vielleicht kommen Sie auch am Vormittag mit Ihrem Kind beim Gemüsehändler vorbei und lassen sich zu einer neuen Gemüsesorte inspirieren, die Sie dann als Austauschzutat in eine der Rezeptideen integrieren können.

Nudeln & Co.

Bei fast allen Kindern stehen Nudeln ganz oben auf der Eitliste. Bringen Sie Abwechslung auf den Teller, indem Sie auch mal Vollkornnudeln verwenden oder Vollkorn- mit Hartweizennudeln mischen. Hier kommen vier neue und schnelle Rezepte.

Nudeln mit Hühner-Bolognese

Eiweißreicher Energiespender mit vielen Vitaminen

2 Schalotten | 2 Möhren | 1 Stange Stangensellerie | 2 EL Rapsöl | 300 g Hähnchenfleisch | 200 g passierte Tomaten | 2 EL italienischer Kräuter | 1 TL Zucker | Salz | Pfeffer | 300 g Penne   3 EL frisch geriebener Parmesan

1 Die Schalotten schälen und klein würfeln. Die Möhren und den Sellerie putzen und in sehr kleine Würfel schneiden. Zuerst die Schalotten, dann das Gemüse in etwas Öl anschwitzen. Das Hähnchenfleisch sehr klein würfeln und zum Gemüse geben. Von allen Seiten anbraten. Die Tomaten dazugießen und alles gut verrühren, etwa 20 Minuter einkochen lassen. Mit Kräutern, Zucker, Salz und Pfeffer abschmecken.
2 Die Nudeln in reichlich Salzwasser bissfest garen. Die Nudeln abgießen und mit der Hühner-Bolognese auf Tellern anrichten. Geriebenen Parmesan über die Nudeln streuen.
TIPP: Passt auch zu Reis, Couscous oder Kartoffeln.

VOLLKORN HAT BISS

Nudeln aus Vollkorn schmecken nussiger und haben extra viel Biss. Labbrige Nudeln haben also keine Chance mehr auf dem Teller zu landen.

GU-ERFOLGSTIPP   SCHNELL GEHACKT MIT DEM BLITZHACKER

Haben Sie einen Blitzhacker zu Hause? Wunderbar, dann können Sie Schalotten, Möhren und Sellerie darin in Windeseile ganz klein hacken. Gemüse lassen sich so problemlos in Saucen verstecken – und auch Kleinkinder können sie ohne Schwierigkeiten essen.
Haben Sie keinen Blitzhacker in Ihrer Ausrüstung, können Sie auch zum Pürierstab greifen und Gemüsesaucen nach dem Garen einfach fein pürieren. Sogar eingefleischte Gemüsemuffel wollen dann Nachschlag.

Brokkoli macht den Nudel-Quark-Auflauf so gesund.

Nudel-Quark-Auflauf

Steckt voller B-Vitamine und Mineralstoffe

400 g Spiralennudeln | 300 g Brokkoliröschen |
4 Möhren | 250 g Speisequark | 150 ml Ge-
müsebrühe | Salz | Pfeffer | 200 g Gouda,
frisch gerieben

1 Die Nudeln nach Packungsangabe in reichlich
Salzwasser bissfest garen. Die Nudeln abgießen
und in eine Auflaufform geben.
2 Die Brokkoliröschen in kleine Stücke teilen. Die
Möhren putzen und in kleine Würfel schneiden.
Die Möhren in Salzwasser in 7–8 Minuten bissfest
garen. Die Brokkoliröschen für ca. 5 Minuten zu
den Möhren geben und mitgaren. Das Gemüse
abgießen und mit den Nudeln mischen.
3 Den Ofen auf 180° vorheizen. Den Speisequark
mit der Gemüsebrühe verrühren, mit Salz und
Pfeffer abschmecken. Die Quarkmischung mit den
Nudeln und dem Gemüse in der Ofenform mischen. Zum Schluss den
geriebenen Käse gleichmäßig über den Nudeln verteilen. Den Auflauf
im Ofen (Mitte, Umluft 160°) 10–15 Minuten überbacken.

Käse-Carbonara

Reich an Eisen und Kalzium

2 kleine Zwiebeln | 200 g roher Schinken | 2 EL Rapsöl | 300 g
Penne | Salz | Pfeffer | 150 g frisch geriebener Gouda

1 Die Zwiebeln schälen und fein würfeln. Den Schinken in kleine Würfel schneiden. Zwiebeln in Öl anschwitzen, die Schinkenwürfel dazugeben und kurz anbraten.
2 Den Backofen auf 200° vorheizen. Die Nudeln nach Packungsangabe
in reichlich Salzwasser bissfest garen, abgießen und zum Schinken
geben. Gut mischen und mit Salz und Pfeffer abschmecken. Die Nudel-
mischung in eine ofenfeste Form geben und mit Käse bestreuen. Im
Ofen 5 Minuten überbacken. Dazu passt grüner Salat.

Schinkennudeln mit Paprika

Eiweißreicher Energiespender

1 Schalotte | 1 EL Rapsöl | 200 g gekochter Schinken | ½ rote Paprikaschote | 300 g Nudeln (Sorte nach Belieben) | 2 Bio-Eier | 4 EL Parmesan, frisch gerieben | Salz | Pfeffer

1 Die Schalotte schälen, fein würfeln und in einer Pfanne in etwas Öl anschwitzen. Den Schinken in kleine Würfel schneiden.
2 Die Paprika waschen, putzen und ebenfalls in kleine Würfel schneiden. Die Paprika mit dem Schinken in der Pfanne anbraten.
3 Die Nudeln nach Packungsangabe in reichlich Salzwasser bissfest garen, abgießen und in die Pfanne geben.
4 Die Eier verquirlen und über die Nudel-Schinkenmischung geben. Alles gut verrühren und sehr heiß werden lassen. Zum Schluss den Parmesan untermischen und mit Salz und Pfeffer abschmecken.

Rote Paprika bringen Farbe in die Schinkennudeln.

Lauch-Spaghetti mit Ei

Enthält viele Spurenelemente

2 Stangen Lauch | 200 g Champignons | 2 EL Rapsöl | 300 g Spaghetti | 3 EL Sojasauce | 3 Bio-Eier | Pfeffer

1 Den Lauch gründlich waschen. Dazu den Lauch der Länge nach halbieren und die einzelnen Blätter auffächern. Den Lauch unter fließendem Wasser auch in den Blattzwischenräumen waschen und mit Küchenpapier trocken tupfen. Den Lauch in feine Ringe schneiden. Die Champignons putzen, den Stiel entfernen und in Scheiben schneiden. Lauch und Champignons in Öl anbraten.
2 Die Spaghetti nach Packungsangabe in reichlich Salzwasser bissfest garen, abgießen und zum Gemüse geben. Alles mit Sojasauce würzen. Die Eier verquirlen und über die Nudeln in die Pfanne geben. Alles gut mischen und anbraten. Zum Schluss mit Pfeffer abschmecken.

MILDE SCHÄRFE
Schalotten schmecken milder und süßer als normale Gemüsezwiebeln, sind also für kleine Kinder besser geeignet. Und für den Geschmack von vielen Gerichten einfach unerlässlich.

Kartoffelgerichte

Kartoffeln stecken voll wertvollem Eiweiß und energieliefernden Kohlenhydraten. Kombiniert mit tierischem Eiweiß wie Fleisch, Ei oder Milchprodukten sind sie ein gesunder Sattmacher für kleine Feinschmecker. Bevorzugen Sie Kartoffeln aus ökologischem Anbau. Sie sind weniger mit Schadstoffen (insbesondere Nitrat) belastet, die sich vor allem in den Wurzeln und Knollen der Pflanzen einlagern.

Kartoffelbrei mit Schinkentalern 🍳

Enthält Vitamin C, Kalzium und Eisen

500 g mehlige Kartoffeln | 100 ml Milch | 1 EL Butter | Salz | Pfeffer | 2 dicke Scheiben gekochter Schinken (ca. 250 g)

Feiner Vorspeisen-Snack für hungrige Kinder: Kartoffel-Erbsen-Crostini.

1 Die Kartoffeln schälen, waschen und in Salzwasser weich kochen. Die Milch mit der Butter in einem kleinen Topf erhitzen. Die Kartoffeln abgießen und zusammen mit der heißen Milch mit dem Kartoffelstampfer zu Brei stampfen. Mit Salz und Pfeffer abschmecken.

2 Mit einem kleinen runden Ausstecher kleine Taler aus dem Schinken ausstechen. Die Taler in einer beschichteten Pfanne bei mittlerer Hitze ohne Öl von beiden Seiten knusprig braten. Zum Kartoffelbrei servieren.

TIPP: Für gelbe Farbtupfer kochen Sie ein paar Möhren mit den Kartoffeln mit.

Kartoffel-Erbsen-Creme auf Crostini

Reich an Vitamin C

300 g mehlige Kartoffeln | Salz | 1 kleine Knoblauchzehe | 200 g TK-Erbsen | 2 EL Olivenöl | Pfeffer | ½ Vollkornbaguette | ½ Zitrone

1 Die Kartoffeln schälen, waschen und in Salzwasser weich kochen. Die Knoblauchzehe schälen und durch die Knoblauchpresse drücken. Die Erb-

sen auftauen lassen und in etwas Salzwasser 2–3 Minuten garen. Die Kartoffeln abgießen und grob zerstampfen. Das Olivenöl, den Knoblauch und die Erbsen mit den Kartoffeln mischen. Mit Salz und Pfeffer abschmecken.

2 Das Baguette in ca. 1 cm dicke Scheiben schneiden, die Scheiben im Ofen bei 180° auf dem Ofenrost 5 Minuten anrösten. Die knusprigen Baguettescheiben mit der Kartoffel-Erbsen-Creme bestreichen. Auf jedes Crostini ein paar Tropfen Zitronensaft träufeln.

Kartoffel-Tortilla ♟
Steckt voller Vitamine

400 g festkochende Kartoffeln | ½ Stange Lauch | 1 rote Paprikaschote | 1 kleine Dose Mais (Abtropfgewicht 140 g) | Salz | Pfeffer | ½ Bund Petersilie | 4 Eier | 1 Handvoll frisch geriebener Käse

Der spanische Klassiker ist ein echter Kinderliebling: Kartoffel-Tortilla.

1 Die Kartoffeln schälen, waschen und in sehr kleine Würfel schneiden. Die Kartoffelwürfelchen in Salzwasser in 5–10 Minuten nicht zu weich kochen. Die Kartoffelwürfel abgießen.

2 Den Lauch waschen und in feine Ringe schneiden. Die Paprikaschote waschen, putzen und in kleine Würfel schneiden. Das Öl in einer beschichteten Pfanne erhitzen und die Lauchringe mit den Paprikawürfeln darin 5 Minuten anbraten. Den Mais abtropfen lassen und mit den Kartoffeln zum Gemüse geben und mitbraten. Das Gemüse mit Salz und Pfeffer abschmecken.

3 Den Backofen auf 180° vorheizen. Die Petersilie waschen, trocken schütteln, sehr fein hacken und zum Gemüse geben. Die Eier verquirlen. Wer mag, kann für eine Extraportion Kalizium noch eine Handvoll geriebenen Käse unter die Eimasse rühren. Dann die Eimasse über das Gemüse in die Pfanne geben. Das Gemüse sollte knapp bedeckt sein.

4 Das Ei stocken lassen, einen Deckel auf die Pfanne setzen und die Tortilla im Ofen in ca. 10 Minuten fest werden lassen.

AUSTAUSCH-TIPP
Ersetzen Sie im Winter die Hälfte der Kartoffeln durch Hokkaido-Kürbis.

Gemüse und Hülsenfrüchte

Frisches Gemüse lässt sich in vielen Varianten kindgerecht zubereiten. Kinder lieben Gemüse nicht nur roh, sondern auch gekocht oder in Suppen. Probieren Sie aus, wie Ihr Kind Gemüse am liebsten isst und testen Sie dann ruhig auch mal eine andere Variante. So liebt das eine Kind Tomaten roh, ein anderes nur die gekochte Version. Und bei Paprika genau umgekehrt.

Tomaten-Couscous

Randvoll mit Vitamin A, C, E

1 Schale Kirschtomaten (ca. 250 g) | 1 Bund frisches Basilikum | 200 ml passierte Tomaten | 250 g Instant-Couscous | 3 EL Olivenöl | Salz | Pfeffer | 5 EL frisch geriebener Parmesan

Tomaten-Couscous ist blitzschnell fertig und schmeckt der ganzen Familie.

AUSTAUSCH-TIPP
Versuchen Sie den Tomaten-Couscous auch mal mit Mais, Paprika oder Zucchini.

1 Die Tomaten waschen, abtrocknen, halbieren, den Stielansatz entfernen und die Tomaten in Viertel schneiden. Das Basilikum waschen, trocken schütteln und in kleine Stücke zupfen. Tomaten und Basilikum mischen.
2 Die passierten Tomaten in einen Topf geben, mit 200 ml Wasser aufgießen und aufkochen lassen. Den Couscous einstreuen, den Topf vom Herd nehmen und den Couscous unter Rühren nach Packungsangabe ausquellen lassen. Das Olivenöl unterrühren und den Couscous mit Salz und Pfeffer würzen.
3 Die Tomaten mit dem Basilikum unter den Couscous mischen, zum Servieren mit Parmesan bestreuen.

Kichererbsen-Nudel-Topf

Enthält viele essentielle Aminosäuren

2 Schalotten | 1 EL Rapsöl | 250 g Kichererbsen aus der Dose | 100 ml Sahne | 200 g Dosentomaten | 1 TL Oregano | Salz | Pfeffer | 200 g Orecchiette (italienische Öhrchennudeln) | 1 EL frisch geriebener Parmesan

1 Die Zwiebeln schälen und fein würfeln. Die Zwiebelwürfel in etwas Öl anschwitzen. Die Kichererbsen abtropfen lassen und zu den Zwiebeln in die Pfanne geben.

2 Die Sahne und die Tomaten zu den Kichererbsen geben und 10 Minuten mitköcheln. Mit Oregano, Salz und Pfeffer abschmecken.

3 Die Nudeln nach Packungsangabe in reichlich Salzwasser bissfest garen, abgießen und mit den Kichererbsen mischen. Mit geriebenem Parmesan servieren.

Ratatouille-Polenta

Steckt voller Antioxidantien

125 g Polenta (Maisgrieß) | 2 EL Olivenöl | 1 kleine Zwiebel | 1 Knoblauchzehe | 1 rote und 1 gelbe Paprikaschote | 1 Zucchino | 200 g Tomaten aus der Dose | 1 EL frischer Thymian | 1 EL frischer Oregano | Salz | Pfeffer | 1 Kugel Mozzarella

Der Trick sind frische Kräuter und reifes Gemüse, dann wird die Ratatouille-Polenta zur Aroma-Bombe.

1 Die Polenta in 1 Liter kochendes Salzwasser einrieseln lassen, dabei mit einem Schneebesen gut umrühren, damit keine Klumpen entstehen. Die Polenta nach Packungsangabe kochen lassen, den Topf vom Herd nehmen und die Polenta weitere 10 Minuten quellen lassen. Ein Backblech mit 1 EL Öl bestreichen und die Polenta auf das Blech streichen.

2 Die Zwiebel und die Knoblauchzehe schälen und in kleine Würfel schneiden. Beides in Olivenöl anschwitzen. Die Paprikaschoten waschen, putzen und in kleine Würfel schneiden. Den Zucchino waschen, putzen und ebenfalls klein schneiden. Paprika- und Zucchiniwürfel in der Pfanne mit anbraten. Die Tomaten dazugeben und mit Thymian, Oregano, Salz und Pfeffer würzen. Das Ratatouille ca. 10 Minuten einkochen.

3 Den Mozzarella klein schneiden und auf der Polenta verteilen. Die Polenta im Ofen bei 180° 10 Minuten überbacken. Ratatouille zu der Polenta servieren.

Herzhafte Mini-Pfannkuchen 👨‍🍳

Enthält viele B-Vitamine

300 g Vollkornmehl | 250 ml Milch | 1 TL Backpulver | 2 Eier | 1 Prise Salz | 2 Tomaten | 1 Kugel Mozzarella | 1 EL Öl | einige Blätter frisches Basilikum

1 Das Mehl mit der Milch, dem Backpulver, den Eiern und dem Salz glatt rühren. Die Tomaten waschen und in Scheiben schneiden. Den Mozzarella in kleine Stücke zupfen.

2 Den Backofen auf 180° vorheizen. Das Öl in einer beschichteten Pfanne auf mittlerer Stufe erhitzen. Aus dem Teig kleine Minipfannkuchen darin ausbacken.

3 Auf jeden Pfannkuchen eine Tomatenscheibe und etwas Mozzarella legen. Die belegten Mini-Pfannkuchen im Ofen einige Minuten überbacken. Die überbackenen Mini-Pfannkuchen mit frischen Basilikumblättern garnieren.

TIPP: Wenn Ihre Kinder Zucchini mögen, können Sie ein paar gedünstete Zucchinischeiben statt der Tomaten auf die Pfannkuchen geben und überbacken. Auch anderes Gemüse wie Paprika, Aubergine oder Kohlrabi ist geeignet.

Geht schnell, macht wenig Arbeit und ist obendrein gesund: Ofengemüse mit Gurken-Zaziki.

Ofengemüse mit Gurken-Zaziki 👨‍🍳

Liefert Vitamin C und Folsäure

1 mittelgroßer Zucchino | 1 gelbe Paprikaschote | 200 g Champignons | 15 Kirschtomaten | 3 EL Olivenöl | Salz | Pfeffer | ½ Gurke | 100 g Sauerrahm | 1 Knoblauchzehe

1 Den Backofen auf 180° vorheizen. Das Gemüse waschen, putzen und in große Würfel schneiden. Das Gemüse in eine Auflaufform geben und mit Öl beträufeln. Mit Salz und Pfeffer würzen und gut mischen. Das Gemüse im Ofen 15 Minuten garen.

2 In der Zwischenzeit die Gurke schälen und grob raspeln. Die Knoblauchzehe schälen und durch die Knoblauchpresse drücken. Gurke und Knoblauch mit dem Sauerrahm mischen. Mit Salz und Pfeffer abschmecken. Den Zaziki zum Ofengemüse servieren.

Kräuterreis mit Tomaten-Huhn
Eiweißreicher Energiespender

600 g Hühnerschenkel (ca. 9 kleine oder 6 größere) | 2 EL Rapsöl | Salz | Pfeffer | 250 g stückige Tomaten aus der Dose | 2 EL getrocknete, italienische Kräuter (z. B. Basilikum, Oregano, Salbei) | 1 TL Zucker | 150 g Langkornreis | 1 Bund frisches Basilikum | 50 g frisch geriebener Parmesan | 4 EL Olivenöl

1 Den Backofen auf 200° vorheizen. Die Hühnerschenkel unter fließendem kaltem Wasser abwaschen und mit Küchenpapier trocken tupfen. Das Öl in einer Pfanne erhitzen und die Schenkel von beiden Seiten kurz scharf anbraten, salzen und pfeffern. Die Hühnerschenkel in eine ofenfeste Form geben.
2 Die Tomaten mit den Kräutern, Zucker, Salz und Pfeffer gut abschmecken. Die Tomatensauce über die Hühnerschenkel geben und im Ofen ca. 35 Minuten garen.
3 In der Zwischenzeit den Reis nach Packungsanweisung kochen. Die Basilikumblätter waschen, trocken tupfen und im Mörser gemeinsam mit Parmesan, Olivenöl, Salz und Pfeffer zu einer cremigen Basilikumpaste rühren. Die Basilikumcreme unter den gekochten Reis rühren und mit dem Tomaten-Huhn servieren.

KALTE KÜCHE
Mischen Sie den abgekühlten Kräuterreis mit Zuckerschoten und TK-Erbsen. Ein leichtes Zitronen-Dressing über den Reis geben, fertig ist ein frischer Sommersalat.

GU-ERFOLGSTIPP   FÜR JEDES GERICHT DEN RICHTIGEN REIS

Es gibt ganz unterschiedliche Reissorten zu kaufen. Verwenden Sie für Milchreis Rundkornreis, für cremige Risotti Risottoreis wie italienischen Arborio und für asiatische Gerichte aromatisch duftenden Jasmin- oder Basmatireis. Als Beilage zu würzigen Fleisch- und Gemüsespeisen ist Langkorn- oder Vollkornreis geeignet. Er lässt sich gut mit Kräutern wie Basilikum und Petersilie kombinieren.

Hirse

Hirse ist ein wertvolles Getreide, das viele wichtige Spurenelemente wie Eisen, Phosphor und Magnesium enthält. In der Kinderküche ist sie daher sehr beliebt. Aus dem Grundrezept lassen sich drei schnelle Gerichte zaubern. Je nach Jahreszeit können Gemüse oder Obst variiert werden.

Grundrezept Hirse kochen

250 g Hirse | 500 ml Gemüsebrühe (Instant)

1 Die Hirse in 500 ml Brühe aufkochen und 25 Minuten köcheln lassen. Den Topf vom Herd nehmen, und die Hirse weitere 10 Minuten quellen lassen, bis die Hirse weich und körnig ist.

Ein echtes Power-Gericht voll Vitaminen und Mineralstoffen: Hirse-Gemüse-Pfanne.

Hirse-Gemüse-Pfanne

Rundum-Versorgung mit allen wichtigen Nährstoffen

1 Grundrezept Hirse | 1 kleine Zwiebel | 2 EL Olivenöl | 1 Zucchino | 10 Kirschtomaten | 2 EL frische italienische Kräuter (z. B. Basilikum, Oregano, Thymian) | Salz | Pfeffer | 4 EL Parmesan

1 Die Hirse wie oben im Grundrezept beschrieben zubereiten. Die Zwiebel schälen und fein würfeln. Das Öl in einer Pfanne heiß werden lassen, und die Zwiebelwürfel darin glasig dünsten. Den Zucchino waschen, abtrocknen und in kleine Würfel schneiden, zu der Zwiebel in die Pfanne geben und 1–2 Minuten anbraten.

2 Die gekochte Hirse zu dem Gemüse in die Pfanne geben und alles weitere 2 Minuten braten.

3 Die Tomaten waschen, halbieren und in die Pfanne geben. Die Kräuter waschen, trocken schütteln und fein hacken. Die Hirse-Pfanne mit den Kräutern würzen und mit Salz und Pfeffer pikant abschmecken. Den frisch geriebenen Parmesan darüberstreuen und servieren.

Hirse-Puffer mit Feldsalat

Reich an Vitaminen und Mineralstoffen

1 Grundrezept Hirse | 2 Eier | Salz | Pfeffer |
6 EL Olivenöl | 4 Hände voll Feldsalat | 4 EL
Rapsöl | 2 EL Balsamico | 1 EL süßer Senf

1 Die Hirse wie im Grundrezept auf Seite 110 beschrieben kochen. Die Hirse abkühlen lassen und
mit den rohen Eiern vermischen. Mit Salz und Pfeffer würzen.

2 Das Öl in einer Pfanne heiß werden lassen. Vom
Pufferteig mit einem kleinen Löffel ein wenig Teig
abstechen und in die Pfanne geben. Mit leichtem
Druck einen runden Puffer daraus formen. Die
Hirse-Puffer von beiden Seiten ca. 2 Minuten
knusprig braten.

3 Den Salat gründlich waschen und putzen. Aus
Rapsöl, Essig, Senf, Salz und Pfeffer ein Dressing
rühren und über den Salat geben. Die Puffer zum
Salat servieren.

Schon die Form der Hirse-
Puffer macht Lust aufs soforti-
ge Reinbeißen.

Hirse-Aprikosen-Brei

Enthält besonders viel Kalium und Vitamin A

1 Grundrezept Hirse | 250 g reife Aprikosen | 100 ml Sahne |
2 EL Akazienhonig | 1 Zweig frische Minze nach Belieben

1 Die Hirse wie im Grundrezept beschrieben kochen.

2 Die Aprikosen waschen, entkernen und in kleine Würfel schneiden.
Die Aprikosenwürfel zur Hirse geben und bei mittlerer Temperatur ca. 5
Minuten mitgaren.

3 Die Sahne schlagen und unter den Brei heben. Den Brei mit Akazienhonig süß abschmecken.

4 Wer mag, kann frische Minze klein hacken und den Brei damit abschmecken. Die Minze passt wunderbar zu den süßen Aprikosen.

TIPP: Für mehr Abwechslung können Sie auch Kirschen, Pflaumen oder
Apfel unter den Brei mischen.

GESUNDES DESSERT
Die Kombination von Hirse
und Aprikosen ergibt eine
wahre Nährstoffbombe:
Hirse enthält viel Eisen, das
der Körper gut aufnehmen
kann und Aprikosen ste-
cken voller Kalium – ein
wichtiges Spurenelement,
das die Funktion des Her-
zens unterstützt.

Der Kinderliebling selbstge-
macht: Chicken-Nuggets.

Fleisch

Gerichte mit Fleisch gehören oft zu den Lieblingsgerichten von Kindern. Und da Fleisch
wertvolles Protein, Eisen und B-Vitamine liefert, darf es ruhig drei- bis viermal die Woche
auf dem Tisch stehen. Kombiniert mit Gemüse, wertvollen Kohlenhydraten aus Vollkorn-
produkten und garniert mit frischen Kräutern
wird aus der Fleischportion eine richtige
Nährstofforgie. Gut geeignet für Kinder sind
Geflügel, mageres Schweinefleisch sowie Lamm
und Kalb.

Chicken-Nuggets aus dem Ofen mit Country Potatoes 👨‍🍳

Reich an hochwertigem Eiweiß

300 g Hühnerbrust | 5 EL Mehl | 2 verquirlte
Eier | 300 g Sesamsamen | 500 g junge Kar-
toffeln | 1 EL Paprikapulver | 5 EL Olivenöl |
Salz | Pfeffer | Rapsöl zum Ausbraten

1 Das Fleisch mit dem Fleischklopfer plattieren und in kleine Stücke
schneiden. Die Fleischstücke erst in Mehl, dann in Ei und anschließend
in Sesamsamen wenden.

2 Den Backofen auf 220° vorheizen. Die Kartoffeln achteln und in eine
ofenfeste Auflaufform geben. Mit Paprikapulver würzen und das Olivenöl gleichmäßig über den Kartoffeln verteilen. Mit Salz und Pfeffer
würzen. Die Kartoffeln im Ofen in 30 Minuten knusprig backen.

3 Das Rapsöl in einer beschichteten Pfanne erhitzen und die Chicken-
Nuggets darin von beiden Seiten knusprig ausbraten. Mit den Country
Potatoes servieren.

Hackfleischbällchen mit Reis 👨‍🍳

Enthält Eisen, Eiweiß und viele B-Vitamine

3 Frühlingszwiebeln | 1 Knoblauchzehe | 2 EL ungesalzene Erd-
nüsse | 300 g gemischtes Hackfleisch | 100 g Semmelbrösel |

1 Ei | 1 EL Tomatenmark | ¼ Bund gehackte Petersilie | Salz | Pfeffer | Rapsöl zum Ausbraten | 200 g Basmatireis | 200 ml Sahne

1 Die Zwiebeln waschen und bis zu den hellgrünen Blättern in feine Ringe schneiden. Den Knoblauch schälen und klein hacken. Die Erdnüsse sehr klein hacken.

2 Zwiebelringe, Knoblauch und Erdnüsse mit Hackfleisch, Semmelbröseln, Ei, Tomatenmark und Petersilie verkneten, mit Salz und Pfeffer würzen.

3 Den Reis nach Packungsangabe in Salzwasser kochen.

4 In der Zwischenzeit das Rapsöl in einer Pfanne erhitzen und die Hackfleischbällchen von allen Seiten ausbraten.

5 Die Bällchen aus der Pfanne nehmen und den Fleischsud in der Pfanne mit der Sahne verrühren. Die Sauce mit Salz und Pfeffer abschmecken. Die Hackfleischbällchen mit Reis und Sauce servieren.

Allergiker ersetzen die Erdnüsse durch Haferflocken – auch so schmecken die Hackbällchen lecker.

Pitabrötchen mit Hühnchen

Eiweißreicher Snack

3 flache Pitabrötchen | 200 g Hühnerbrust | 2 EL Rapsöl | 1 TL mildes Paprikapulver | 3 Blätter Eisbergsalat | 1 Möhre | 100 g Sauerrahm | Salz | Pfeffer

1 In die Brötchen eine tiefe Tasche schneiden. Die Hühnerbrust waschen, trocken tupfen und in sehr kleine Würfel schneiden. Das Öl in einer Pfanne erhitzen und die Hühnerbrustwürfel darin knusprig anbraten. Mit Paprikapulver, Salz und Pfeffer abschmecken.

2 Den Salat waschen, trocknen und in sehr feine Streifen schneiden. Die Möhre schälen, putzen und grob reiben. Den Sauerrahm mit Salz und Pfeffer würzen.

3 Die Pitataschen mit Hühnerbrustwürfeln, Salatstreifen, Möhrenraspeln und Sauerrahm füllen.

Im Sommer können die Fleischspießchen auch auf den Gartengrill.

Fleischspieße mit Süßkartoffelbrei

Eiweiß vom Feinsten

300 g Hähnchenbrust | 4 Scheiben roher Schinken | 3 EL Rapsöl | 500 g Süßkartoffeln | 200 g mehlige Kartoffeln | 100 ml Milch | 1 EL Butter | 1 Prise Zimt | Salz | Pfeffer

1 Den Backofen auf 160° vorheizen. Die Hähnchenbrust in ca. 2x2 cm große Würfel schneiden. Den Schinken in 2 cm schmale Streifen schneiden und aufrollen. Fleischwürfel und Schinkenröllchen abwechselnd auf Bratspieße stecken und in Öl von allen Seiten kurz anbraten. Mit Salz und Pfeffer würzen. Die Spieße auf ein Backblech legen und im Ofen 20-25 Minuten garen.

2 In der Zwischenzeit die Kartoffeln schälen, in Würfel schneiden und in Salzwasser weich kochen. Die Kartoffeln abgießen und mit Milch und Butter zerstampfen. Mit Zimt, Salz und Pfeffer abschmecken. Den Süßkartoffelbrei zusammen mit den gebratenen Fleischspießen servieren.

INFO: FLEISCH KAUFEN

Auch wenn's etwas teurer ist: Kaufen Sie Fleisch vorzugsweise beim Metzger – wenn möglich in Bio-Qualität. Die Schadstoffbelastung von Fleisch aus konventioneller Erzeugung ist recht hoch und vor allem Kinder können darauf empfindlich reagieren. Kochen Sie daher lieber seltener Fleischgerichte, setzen Sie dann aber auf Qualität. Fragen Sie Ihren Metzger ruhig einmal, woher er seine Waren bezieht. Stammt das Fleisch aus regionalen Betrieben und schlachtet Ihr Metzger selbst, können Sie davon ausgehen, dass Sie gute Qualität für Ihr Geld bekommen. Bei Massenware aus industriellen Großbetrieben, wie sie in Supermärkten und Discountern angeboten wird, heißt es skeptisch sein.

Fisch

Fisch ist besonders reich an Eiweiß, Jod und gesundheitsfördernden Omega-3-Fettsäuren. Einmal pro Woche sollte deshalb ein Fischgericht auf dem Speiseplan stehen. Doch da manches Kind Fisch nicht allzu gerne isst, wird der Fisch in diesen Rezepten besonders kindgerecht verpackt.

Fisch im Knusperteig

Reich an Jod

300 g Seelachsfilet | 1 Handvoll ungesüßte Cornflakes | 2 EL Pinienkerne | 5 EL Mehl | 1 Ei | 4 EL Rapsöl | Salz | Pfeffer

1 Den Fisch quer in ca. 3 cm breite Streifen schneiden. Die Cornflakes in der Hand zerkrümeln und in einen tiefen Teller geben. Die Pinienkerne klein hacken und mit den Cornflakes mischen. Das Mehl in einem Teller gut verteilen. Das Ei mit einer Gabel in einem weiteren tiefen Teller verquirlen.

2 Die Fischstreifen nacheinander in Mehl, Ei und der Cornflakes-Nuss-Mischung wenden. Das Öl in einer beschichteten Pfanne auf mittlerer Stufe erhitzen und die Fischstäbchen darin von beiden Seiten in 5 Minuten knusprig ausbraten. Zum Schluss mit Salz und Pfeffer pikant abschmecken.

Die Pinienkerne geben den Fischstäbchen die besondere nussige Note.

Dazu gibt's Kartoffel-Möhren-Brei

Steckt voll Vitamin C und A

350 g mehlige Kartoffeln | 350 g Möhren | 100 ml heiße Milch | 1 EL Butter | Salz | Pfeffer

1 Für den Kartoffel-Möhren-Brei Kartoffeln und Möhren schälen und in Salzwasser weich kochen. Die Kartoffeln und die Möhren mit einem Schuss heißer Milch und der Butter zerstampfen. Mit Salz und frisch gemahlenem Pfeffer abschmecken.

AUSTAUSCHTIPP

Statt Kartoffeln schmeckt auch Kürbis gut zu den Möhren.

Fisch mal anders: Die Fischbällchen können schon die Kleinsten essen.

Fischbällchen ♟

Voll Eiweiß und ungesättigten Fettsäuren

2 Scheiben Toastbrot | 400 g Fischfilet (z. B. Seelachs oder Rotbarsch) | $\frac{1}{2}$ Bund Petersilie | 4 EL Semmelbrösel | 2 Eier | 1 TL edelsüßes Paprikapulver | Salz | Pfeffer | $\frac{1}{2}$ l Rapsöl zum Frittieren

1 Das Toastbrot klein schneiden und in lauwarmem Wasser kurz einweichen lassen. Das Fischfilet waschen, trocken tupfen und mit einem scharfen Messer klein hacken. Die Petersilie waschen, trocken schütteln und fein hacken.

2 Das Toastbrot mit einer Hand gut ausdrücken und mit dem gehackten Fisch, der Petersilie, den Semmelbröseln und den Eiern verkneten. Mit Paprikapulver, Salz und Pfeffer würzen.

3 Das Öl in einem Topf erhitzen. Mit einem Teelöffel etwas Fischteig abstechen und mit den Händen zu kleinen Bällchen formen. Im heißen Öl nacheinander ca. 3 Minuten frittieren. Die Bällchen auf Küchenpapier abtropfen lassen und mit Orangen-Couscous servieren..

Dazu gibt's Orangen-Couscous

Enthält viel Vitamin C

400 ml Orangensaft | 100 ml Sahne | 250 g Couscous | Salz | Pfeffer

Den Orangensaft mit der Sahne aufkochen und den Couscous unter Rühren einrieseln lassen. Den Topf vom Herd ziehen und den Couscous ausquellen lassen. Mit Salz und Pfeffer abschmecken.

Überbackene Fischtaler

Reich an Eiweiß, Jod und B-Vitaminen

$\frac{1}{2}$ Vollkornbaguette | 1 Knoblauchzehe | 400 g Fischfilet (z. B. Seelachs oder Rotbarsch) | 2 EL Rapsöl | 1 Kugel Mozzarella |

Salz | Pfeffer | frisch gepresster Saft von ½ Zitrone | einige Blättchen Zitronenthymian

1 Das Baguette in 12 ca. 2 cm breite Scheiben schneiden. Die Knoblauchzehe schälen und die Baguettescheiben damit einreiben. Das Fischfilet in 12 Stücke teilen.

2 Das Öl in einer Pfanne erhitzen und den Fisch von beiden Seiten kurz anbraten. Mit Salz und Pfeffer würzen. Je eine Baguettescheibe mit einem Fischstückchen belegen.

3 Den Backofen auf 180° vorheizen. Den Mozzarella abtropfen lassen und in 12 dünne Scheiben schneiden. Je eine Scheibe auf den Fischtalern verteilen. Die Fischtaler auf ein Backblech legen und im Ofen (Mitte, Umluft 160°) 10 Minuten überbacken. Die überbackenen Fischtaler mit Zitronensaft beträufeln und nach Belieben mit frischem Zitronenthymian servieren.

Mini-Toast mit Fisch: Zitronenthymian gibt ein frisches Aroma.

INFO: FRISCHER FISCH

Achten Sie beim Fischkauf auf Geruch und Präsentation der Ware. In einem guten Fischladen riecht es nicht aufdringlich nach Fisch und die Ware ist auf ausreichend Eis gekühlt, damit die Kühlkette nicht unterbrochen wird. Wählen Sie im Supermarkt Tiefkühlfisch und lassen Sie Angebote und Schnäppchen links liegen. Nehmen Sie beim Fischkauf wenn möglich eine Kühltasche mit, um die Kühlkette nicht zu unterbrechen. Wie sieht frischer Fisch aus? Abgesehen davon, dass frischer Fisch nicht riechen darf, haben frische Fische folgende Merkmale: Die Haut ist prall und glänzend, die Schuppen liegen fest an und die Fischaugen sind klar und stehen leicht hervor. Die Kiemen sind glänzend rosa bis rot. Verdorbene Fische erkennt man sofort an der matten und trüben Farbe, an abstehenden Schuppen und eingesunkenen glasigen Augen.

Kuchen und Desserts

Nach all den gesunden Gerichten darf es nun auch etwas Süßes sein. Gelegenheiten, bei denen ein Stück Kuchen oder ein süßer Nachtisch schmeckt, gibt es ohnehin genug: Sei es nach dem Sonntagsessen, am Geburtstag oder wenn Oma zu Besuch kommt. Auch Krippe und Kindergarten werden Sie immer wieder dazu auffordern, etwas Leckeres zum Buffet beizutragen. Da lohnt sich der Gang in die Backstube: Dann wissen Sie obendrein genau, was in den süßen Sachen steckt.

Keine Angst vorm Backen!

Für tolle Backergebnisse brauchen Sie nicht viel. Ein Handrührgerät, einen Teigschaber und zwei Rührschüsseln mit hohem Rand machen Ihnen das Leben leichter. Für die Kinderbackstube ist ein beschichtetes Muffinblech mit zwölf Vertiefungen sehr praktisch. Auch an einer beschichteten Kastenform und Springform bleibt nichts kleben und Sie können sich über schöne Kuchen freuen.

Schon die Kleinsten sind begeistert

Teigschaber, Schneebesen und Backpinsel sind nebenbei tolle Spielsachen für die Kleinsten. Denn wenn Mamas Werkzeuge in Reichweite sind, bleibt das ganze bunte Kinderspielzeug unbenutzt in der Ecke liegen. Das tollste für größere Kinder ist das elektrische Handrührgerät. Aber bitte nur unter Ihrer Aufsicht! Es gibt sie als Kombi-Geräte mit Pürieraufsatz. So schlagen Sie gleich zwei Fliegen mit einer Klappe und können feine Gemüsesaucen zaubern, die Ihrer Familie zu Nudeln, Couscous und Kartoffeln schmecken.

Wichtig: Geduld

Das wichtigste Handwerkszeug ist jedoch ein wenig Geduld: Rühren Sie Eischnee so lange, bis er richtig steif ist, hören Sie nicht auf, bevor Ihre Eimasse schön schaumig und voluminös aus der Schüssel schaut.

BACKFORMEN AUS SILIKON

Backformen aus Silikon sind eine tolle Erfindung für Eilige, da einfetten und ausstäuben wegfällt und der Kuchen trotzdem leicht aus der Form geht. Vorsicht nur beim Teig einfüllen, da kann schon mal was daneben gehen.

TIPP: Nehmen Sie sich Zeit

Gerade wenn Sie noch nicht über sehr viel Backerfahrung verfügen, sollten Sie ausreichend Zeit für Ihr Vorhaben einplanen. Mit Geduld und Sorgfalt gelingen die meisten Rezepte problemlos. Am besten führen Sie die erste Testreihe noch ohne Kinder durch, also abends oder an einem kinderfreien Nachmittag. So bekommen Sie ein Gefühl dafür, worauf es ankommt, und können sich gleichzeitig überlegen, welche kleinen Aufgaben Ihre Hilfsbäcker bei der nächsten Runde übernehmen können.

Mandel-Zucchini-Muffins 🎩

Lassen sich gut einfrieren

Für 12 Stück: 3 Eier | 1 Prise Salz | 100 g Butter | 80 g brauner Zucker | 400 g geputzte und fein gehobelte Zucchini | 150 g gemahlene Mandeln | 100 g Vollkornmehl | 1 TL Backpulver | 2 EL Puderzucker
Außerdem: 1 Muffinform, 12 Papierbackförmchen

1 Den Backofen auf 180° vorheizen. Die Eier trennen und in zwei verschiedene Rührschüsseln geben. Die Eiweiße mit dem Handrührgerät und einer Prise Salz steif schlagen. Die Eigelbe mit Butter und Zucker mit dem Handrührgerät rühren, bis eine sehr schaumige Masse entsteht. Die gehobelten Zucchini mit Mandeln, Mehl und Backpulver nach und nach unter die Eimasse rühren. Den Eischnee unterheben.
2 Die Papierförmchen in die Muffinform legen. Den Teig bis knapp unter den Rand in den Förmchen verteilen. Die Muffins im Ofen (Mitte, Umluft) ca. 25 Minuten backen. Muffins auskühlen lassen und mit Puderzucker bestäuben.

Teekuchen

Da dürfen es auch zwei Stück sein

150 g Mehl | 75 g Zucker | 1 TL Backpulver | 100 g Sauerrahm | 2 Eier | 1 Päckchen Vanillezucker | 50 g brauner Zucker | 1 EL Zimtpulver | 50 g Zucker | 125 g weiche Butter | 50 g Mehl
Außerdem: Butter und Mehl zum Einfetten und Ausstäuben der Form

1 Den Ofen auf 180° vorheizen. Mehl, Zucker und Backpulver mischen. Den Sauerrahm mit den Eiern und dem Vanillezucker cremig rühren. Die Mehlmischung unterheben.
2 Ein Backblech mit Butter einfetten und mit Mehl ausstäuben. Den Teig gleichmäßig auf dem Backblech verteilen. Den braunen Zucker mit dem Zimt mischen und über dem Kuchenteig verteilen. Mit einem Stäbchen durch den Teig fahren und den Zimtzucker untermischen.
3 Aus Zucker, Butter und Mehl mit den Fingern Streusel formen und über den Kuchen geben. Den Teekuchen im Ofen (Mitte, Umluft 160°) ca. 40 Minuten backen.

Bananenkuchen vom Blech 👨‍🍳

Gut zum Einfrieren

4 reife Bananen | 250 g weiche Butter plus 1 EL zum Einfetten des Backblechs | 200 g Rohrzucker | je ¼ TL gemahlener Ingwer und Zimtpulver | 4 Eier | 100 g gehackte Walnüsse | 300 g Mehl | 1 TL Backpulver | 1 EL Butter zum Einfetten

1 Den Backofen auf 180° vorheizen. Die Bananen mit einer Gabel zerdrücken und mit Butter, Zucker, Ingwer, Zimt und Eiern schaumig rühren. Die Walnüsse unterrühren. Mehl und Backpulver mischen und nach und nach unter den Teig rühren.
2 Das Backblech mit Butter einfetten und den Teig auf dem Backblech glatt streichen. Den Bananenkuchen im Ofen (Mitte, Umluft 160°) 15 Minuten backen.

Apfel-Birnen-Auflauf

Resteverwertung satt

6 Scheiben altbackenes Brot | 2 Äpfel | 2 Birnen | 100 g Mandelblättchen | 1 Päckchen Vanillepudding für 500 ml Milch und 2 EL Zucker | wer mag: 1 Handvoll Rosinen
Außerdem: Butter und Mehl zum Einfetten und Ausstäuben

Der Bananenkuchen macht viele Kinder satt und ist ideal für Feste in Kindergarten und Krippe.

1 Den Ofen auf 200° vorheizen. Das Brot in sehr kleine Würfel schneiden. Äpfel und Birnen schälen, das Kerngehäuse entfernen und das Fruchtfleisch ebenfalls in kleine Würfel schneiden. Die Mandelblättchen in einer Pfanne ohne Fett kurz anrösten.
2 Den Pudding nach Packungsangabe mit Milch und Zucker zubereiten. Die Brot- und Obstwürfel sowie Mandelblättchen mit dem Vanillepudding mischen.
3 Eine ofenfeste Form mit etwas Butter einfetten und die Brotmischung einfüllen. Den Auflauf im Ofen (Mitte, Umluft 180°) 25 Minuten backen, bis er goldgelb ist.

Das Kirsch-Tiramisu schmeckt auch Erwachsenen – ganz ohne Kaffee.

Kirsch-Tiramisu 👨‍🍳

Schmeckt am nächsten Tag noch besser

250 g Vollkornzwieback | 250 ml Kirschsaft | 500 g Naturjoghurt | 250 g Speisequark | 3 EL Akazienhonig | 1 Päckchen Vanillezucker | 250 g Schattenmorellen | 4 EL geraspelte Schokolade

1 Die Hälfte des Zwiebacks kurz durch den Kirschsaft schwenken und den Boden einer flachen Auflaufform damit auslegen. Den Joghurt mit Quark, Honig und Vanillezucker glatt rühren. Die Schattenmorellen abgießen und die Hälfte auf dem Zwieback verteilen. Mit einem Löffel die Hälfte der Joghurt-Quarkcreme auf den Kirschen verteilen.
2 Den Rest vom Zwieback mit Kirschsaft tränken und auf dem Quark verteilen. Die restlichen Kirschen darauf verteilen und mit Quark abschließen. Mit geraspelter Schokolade verzieren. Schmeckt auch mit Erdbeeren oder Bananen.

Weltbeste Blaubeer-Muffins mit weißer Schokolade

Klassiker mal anders

50 g brauner Zucker | 50 g Butter | 3 Eier | 350 g Vollkornmehl | 2 TL Backpulver | 1 Prise Salz | 100 ml Milch | 100 g weiße Schokolade | 100 g Blaubeeren

1 Den Backofen auf 180° vorheizen. Den Zucker mit der Butter schaumig rühren, die Eier nach und nach unterrühren. Das Mehl mit Backpulver und Salz vermengen und unter die Buttercreme mischen. Die Milch unter den Teig rühren.
2 Die Schokolade im heißen Wasserbad schmelzen und mit dem Teig verrühren. Die Blaubeeren waschen und vorsichtig unterheben.
3 Die Papierförmchen in die Muffinform legen. Den Teig bis knapp unter den Rand in den Förmchen verteilen. Die Muffins im Ofen (Mitte, Umluft 160°) ca. 25 Minuten backen.

TIPP
Übrige Muffins können Sie in kleinen Portionen einfrieren – ein aufgetauter Muffin eignet sich prima als Nachmittags-Snack.

Knusprige Obstkörbchen

Süße Häppchen für Zwischendurch

1 Packung Filoteig (Yufka, türkischer Strudelteig) | 200 g Speisequark | 2 EL Ahornsirup | 250 g Obst der Saison (z. B. Erdbeeren, Blaubeeren, Aprikosen oder Mandarinen) | 1 EL Puderzucker

Außerdem: 1 Muffinform

1 Den Backofen auf 180° vorheizen. Den Filoteig in 24 Quadrate à 10x10cm schneiden. In jede Mulde der Muffinform 2 Filoteigquadrate legen. Die Filoteig-Körbchen im Ofen 10 Minuten knusprig backen.

2 Den Quark mit dem Ahornsirup glatt rühren. Das Obst waschen, putzen und klein schneiden. In jedes Teigkörbchen 1 EL Quarkcreme und 1 EL kleingeschnittenes Obst geben. Zum Schluss mit Puderzucker bestäuben.

In den knusprigen Obstkörbchen verstecken sich viele süße Beeren.

GU-ERFOLGSTIPP BACKEN FÜR KRIPPE UND KINDERGARTEN

Es gibt viele Gelegenheiten, bei denen Sie als Eltern aufgefordert werden, etwas zum Buffet in Kindergarten oder Krippe beizutragen. Mit wenigen Tricks gelingt es, immer eine gute Figur zu machen: Verzichten Sie beim Backen für den KiGa auf den Einsatz von Nüssen, die zum Beispiel auch in Schokolade enthalten sein können – auch wenn Ihr eigenes Kind sie gut verträgt, werden Ihnen alle Allergiker-Eltern sehr dankbar sein. Auch Alkohol hat in Kindergebäck nichts zu suchen. Wählen Sie ein Rezept, das die Kinder mit der Hand essen können. Sahnetorten sind für ein Kinderfest eher ungeeignet. Bunte Verzierungen mit Smarties, Gummibärchen oder Liebesperlen kommen bei fast allen Kindern gut an und sind an Festtagen ausnahmsweise erlaubt.

Bücher, die weiterhelfen

Bodensteiner, Susanne u.a.:
Kochen für die Familie.
GRÄFE UND UNZER VERLAG

Bodensteiner, Susanne u.a.:
Backen für die Familie.
GRÄFE UND UNZER VERLAG

Bohlmann, Friedrich: **Bio –
wann lohnt es sich wirklich?**
GRÄFE UND UNZER VERLAG

von Cramm, Dagmar: **Das
große GU Kochbuch: So
schmeckt es Kindern.** GRÄFE
UND UNZER VERLAG

Davis, Patricia u.a.: **300 Fragen zur Kinderernährung.**
GRÄFE UND UNZER VERLAG

Engels, Sybille; Trischberger,
Cornelia: **Jetzt koch ich,
Mama!** GRÄFE UND UNZER
VERLAG

Fritzsche, Doris: **Nahrungs-
mittel-Intoleranzen.** GRÄFE
UND UNZER VERLAG

Gätjen, Edith: **Essensspaß für
kleine Kinder.** Trias Verlag

Kast-Zahn, Annette: **Jedes
Kind kann richtig essen.**
GRÄFE UND UNZER VERLAG

Kaniak-Urban, Christine: **Typ-
gerecht fördern & erziehen.**
GRÄFE UND UNZER VERLAG

Klug, Susanne: **Her mit dem
Gemüse, Mama!** Trias Verlag

Klug, Susanne: **Die Kinder-
Küche: Kochen. Schmecken.
Entdecken.** Goldmann Verlag

Klug, Susanne: **Wir kochen!
für unsere Freunde**
Goldmann Verlag

Adressen, die weiterhelfen

www.diekinderkueche.de

Hier finden Sie die Homepage
der Autorin mit allen Infos
rund um die Aktivitäten der
KinderKüche in München,
Nürnberg und Hamburg.

www.dge.de

Auf der Homepage der Deut-
schen Gesellschaft für Ernährung finden Sie aktuelle wis-
senschaftliche Studien zu allen
Ernährungsfragen.

www.fke-do.de

Das Forschungsinstitut für
Kinderernährung untersucht
die Zusammenhänge von Er-
nährung, Wachstum und Stoffwechsel.

www.aid.de

Hier finden Sie alles rund um
das Thema gesunde Ernäh-
rung.

www.bmelv.de

Das Bundesministerium für
Ernährung, Landwirtschaft
und Verbraucherschutz bietet
allgemeine Hinweise für eine
gesunde Ernährung sowie neu-
este Forschungsergebnisse.

Sachregister

Rezeptregister

Impressum

© 2009 GRÄFE UND UNZER VERLAG GmbH, München

Projektleitung: Corinna Feicht

Lektorat: Margarethe Brunner

Bildredaktion: Elke Dollinger

Layout: independent Medien-Design, Horst Moser

Herstellung: Christine Mahnecke

Satz: Christopher Hammond

Reproduktion: Repro Ludwig, Zell am See

Druck: Firmengruppe APPL, aprinta druck, Wemding

Bindung: Firmengruppe APPL, sellier druck, Freising

ISBN 978-3-8338-1823-3

1. Auflage 2009

GRÄFE
UND
UNZER

Ein Unternehmen der
GANSKE VERLAGSGRUPPE

Bildnachweis

Fotoproduktion: Studio L'EVEQUE
Das Studio L'EVEQUE Tanja & Harry Bischof arbeiten seit 25 Jahren intensiv für Werbung, Bücher und Zeitschriften im Foodbereich. In der Innenstadt Münchens kreieren sie im Team Foodaufnahmen in erfrischendem Licht und appetitanregendem, trendigem Styling.

Weitere Fotos: Getty: U4 re., U2, 3 re., 8, 38, 56, 80/81; Masterfile: 48/49, 72; Mauritius: 44, 50; Plainpicture: Cover, U4 li.; Stockfood: S. 2, 36/37; Privat: S. 41 li.+ re. (Ralf Gamböck)

Illustration: Detlef Seidensticker, S. 15

Umwelthinweis

Dieses Buch wurde auf chlorfrei gebleichtem Papier gedruckt. Um Rohstoffe zu sparen, haben wir auf Folienverpackung verzichtet.

Dank

Ein Dankeschön an Frau Lexxa Feuchtner (www.LvL-Design.com) für Spielsachen und Stoffe

Wichtiger Hinweis

Die Gedanken, Methoden und Anregungen in diesem Buch stellen die Meinung bzw. Erfahrung des Verfassers dar. Sie wurden vom Autor nach bestem Wissen erstellt und mit größtmöglicher Sorgfalt geprüft. Sie bieten jedoch keinen Ersatz für persönlichen kompetenten medizinischen Rat. Jede Leserin, jeder Leser ist für das eigene Tun und Lassen auch weiterhin selbst verantwortlich. Weder Autor noch Verlag können für eventuelle Nachteile oder Schäden, die aus den im Buch gegebenen praktischen Hinweisen resultieren, eine Haftung übernehmen.

Die GU-Homepage finden Sie im Internet unter www.gu-online.de

Unsere Garantie

Mit dem Kauf dieses Buches haben Sie sich für ein Qualitätsprodukt entschieden. Wir haben alle Informationen in diesem Ratgeber sorgfältig und gewissenhaft geprüft. Sollte Ihnen dennoch ein Fehler auffallen, bitten wir Sie, uns das Buch mit dem entsprechenden Hinweis zurückzusenden. Gerne tauschen wir Ihnen den GU-Ratgeber gegen einen anderen zum gleichen oder zu einem ähnlichen Thema um.

Ein Unternehmen der
GANSKE VERLAGSGRUPPE

Liebe Leserin und lieber Leser,

wir freuen uns, dass Sie sich für ein GU-Buch entschieden haben. Mit Ihrem Kauf setzen Sie auf die Qualität, Kompetenz und Aktualität unserer Ratgeber. Dafür sagen wir Danke! Wir wollen als führender Ratgeberverlag noch besser werden. Daher ist uns Ihre Meinung wichtig. Bitte senden Sie uns Ihre Anregungen, Ihre Kritik oder Ihr Lob zu unseren Büchern. Haben Sie Fragen oder benötigen Sie weiteren Rat zum Thema? Wir freuen uns auf Ihre Nachricht!

GRÄFE UND UNZER VERLAG
Leserservice
Postfach 86 03 13
81630 München

Wir sind für Sie da!
Montag–Donnerstag: 8.00–18.00 Uhr
Freitag: 8.00–16.00 Uhr
Tel.: 0180 - 5005054*
Fax: 0180 - 5012054*
E-Mail: leserservice@graefe-und-unzer.de

*(0,14 € /Min. aus dem dt. Festnetz,
  Mobilfunkpreise können abweichen.)

Neugierig auf GU?
Jetzt das GU Kundenmagazin und die GU Newsletter abonnieren.

Wollen Sie noch mehr Aktuelles von GU erfahren, dann abonnieren Sie unser kostenloses GU Magazin und/oder unseren kostenlosen GU-Online-Newsletter. Hier ganz einfach anmelden:
www.gu-online.de/anmeldung